沢村貞子の献立

料理・飯島奈美

献立

沢村貞子　さわむら・さだこ

1908年（明治41年）東京・浅草生まれ。女優・エッセイスト。本名大橋貞子《ていこ》。日本女子大学在学中に新築地劇団に参加。前衛演劇運動に加わって投獄を経験する。34年、日活太秦現代劇部に入社、映画女優としてデビュー。小津安二郎監督作品をはじめとした映画、舞台、テレビで名脇役として活躍した。生涯で出演した映画は100本以上。78年には、半生をとりあげたNHK連続テレビ小説「おていちゃん」が放送された。89年に女優を引退。文筆業にも長け、77年『私の浅草』で日本エッセイスト・クラブ賞を受賞。ほか『貝のうた』『わたしの台所』『わたしの献立日記』など著書多数。96年（平成8年）没。

料理・文

飯島奈美　いいじま・なみ

東京生まれ。フードスタイリスト。テレビCMを中心に広告、映画などで幅広く活躍中。2005年の映画『かもめ食堂』参加をきっかけに、映画やテレビドラマのフードスタイリングも手がけるようになり、映画『東京タワー〜オカンとボクと、時々、オトン』『めがね』『南極料理人』『海街diary』『真実』、ドラマ・映画『深夜食堂』、連続テレビ小説「ごちそうさん」、ドラマ「カルテット」といった話題作を担当。『LIFE』『深夜食堂の料理帖』（共著）『おいしい世界の台所』『ワインがおいしいフレンチごはん』（共著）など著書多数。

本書は、NHK Eテレ「365日の献立日記」（2019年4月〜2020年1月放送分）をもとに、新規に写真撮影を行い、飯島奈美さんのレシピや、沢村貞子さんの著作の引用を加えて構成しました。

はじめに

15年前、古本屋さんで沢村貞子さんの『わたしの献立日記』（新潮社の単行本版）を手に入れました。みずみずしい文章から、台所や食卓の情景が浮かんできて、沢村さんが立ち働いている姿が感じられました。私は、映画やテレビ、広告などで撮影されるお料理を用意するフードスタイリストをしていますが、「生活感」がキーワードになるような仕事のときは、よくこの本をめくったものです。プライベートでも、お客さん、特にご年配の方をお招きするときには参考にしています。他にもさまざまな沢村さんの本を読みましたが、「感心魔」なところがちょっと似ているかも。雑誌や新聞を見て、ほうれん草の上手な茹で方を知るやいなや実践したり、紅茶のおいしい淹れ方を取り入れてみたり。私もなんでも試してみるんですよね……。

憧れつつも、勝手に身近に沢村さんのことを感じていたので、NHKから「献立日記」（書籍『わたしの献立日記』のもとになったノート）を見て料理を作ってほしい、と言われたときはとても嬉しかったです。でも、沢村さんにはファンが多いし、プレッシャーがありました。制作会社のプロデューサー・根岸弓さんは「献立作りに毎日苦労している人たちが癒される〝映画のおいしそうな料理シーン〟のような番組にしたい」と依頼してくれました。それを聞いて、料理をする姿を映してもらえばいいんだ、と思いました。沢村さんの文章に、私が沢村さんの姿を見たように。人が何か作るのを見るのが私は大好きです。癒されるような気がします。そして、番組作りがはじまりました。毎日のルーティンでしかなく、お料理が嫌になっている人もいるかもしれません。それもわかります。でも、ちょっとこの本のページをめくってみてほしいです。取り上げているお惣菜は地味なものが多いですが、どんな料理にも「美しさ」ってありますよね。なかなかステキに仕上がったと思います。絵本のようにぱらぱらとめくって、お料理するってなんかいいな、と思ってもらうきっかけになったら、とっても嬉しいです。

献立日記は、昭和41年4月22日にはじまり平成4年11月23日まで続けられました。ごく普通の大学ノートに線を引いて表にして、日付と献立が書かれています。はじめは簡素でしたが、やがて、おやつや朝ごはん、魚屋さんから買った品物、代金、そして来客者などがメモされるようになりました（でもレシピはほとんどありません）。表紙は、芹沢銈介さんの味わいのある型染カレンダーが丁寧に巻かれていました。

作る立場で改めて献立日記を眺めてみて思うのは、品数がとても多いこと。沢村さんは、全部熱々のまま食卓に出せていたんでしょうか？いいむし、おこげ、にぎりずしなど、私が普段作らない料理にも取り組みました。作り方を考えるときは、なんとなく、沢村さんに相談するような気持ちでした。

献立日記には、季節の食材をたくさん使った、気取りのない料理が並びます。まめまめしさが実に清々しい。でも、よく見ると、けっこう同じ料理を繰り返し作っています。もちろん謙遜もあるでしょうが、食器について「長年見慣れた安物の皿小鉢しかないことはよくわかっている。それでも私は首をかしげる」と書いているエッセイ(『わたしの台所』光文社文庫)もあってかわいらしいです。沢村さんは、飾らない毎日の営みに、楽しみがいろいろあることを教えてくれます。そして、たまに、伊勢えび、アワビ、牛ヒレ肉が食卓に上ったり、おしゃれな外国料理を作ったりする。『わたしの献立日記』に「いま、食べたいと思うものを、自分に丁度いいだけ——つまり、寒いときは温かいもの、暑いときは冷たいものを、気どらず、構えず、ゆっくり、楽しみながら食べること」という、私の大好きな一節があります。これでいいんですよね、沢村さん。

飯島奈美

目次

レシピについて

- 特に断りがないときは、**2人前**です。汁物はちょっとおかわりできるように多めにしてあります。
- 塩は、**粗塩**を使っています。精製塩など粒が細かい塩を使うときは、少なめにしてください。
- 油は、**太白ごま油**や**米油**を使っています。これに限らず、香りやクセの少ない油をお好みで使ってください。
- バターは、**有塩バター**です。
- 梅干しは、**梅と塩だけの塩分20パーセントの梅干し**を使いました。
- 和えものやタレに使う酒、みりんは、煮切ったものがおすすめですが、気にならなければそのままでもかまいません。
- 「**だし**」とだけ書いた場合、**昆布・かつおだし**です。以下に、だいたい1ℓ分の各種だしのとり方を書きました。これを目安に、各レシピのだしを用意してください。昆布はものによって厚さがまちまちなので、重さで把握するのがおすすめです。

- **だし（昆布・かつおだし）**

水　1ℓ
昆布　10g（10㎝角程度）
かつおぶし　20〜30g

鍋に昆布と水を入れ、30分浸します。弱めの中火にかけ、沸騰直前で昆布をとり出し火を止め、かつおぶしを加えて2〜3分たったら濾します。

- **昆布だし**

水　1ℓ
昆布　20g

鍋に昆布と水を入れ、30分浸します。弱めの中火にかけ、沸騰直前で昆布をとり出します。時間があるときは弱火でじっくり煮出してもよいです。密閉できる容器に昆布と水を入れ、冷蔵庫に一晩（10時間ほど）おき、水出しにしてもおいしいだしがとれます。

・**煮干しだし**

水　1ℓ

煮干し　20～30g

昆布　10g

鍋に昆布、頭と腹ワタをとった煮干し、水を入れ、30分浸します。弱めの中火にかけ、沸騰直前で昆布をとり出します。沸いたら弱火にして10分煮て火を止め、煮干しをとり出します。

・**米の炊き方**は、以下を参考にしてください。

米をボウルに入れて水を注ぎ、さっと混ぜてすぐ水を捨てます。そのあと2～3回水を替えて、手早く、軽く洗います。

米に合わせた分量の水に、丸くぷっくりし、白っぽくなるまで（30分～1時間）浸し、炊飯します。

すし飯は水を減らし、酒、昆布を入れて硬めに炊いてください。

・**煮物の味付け**について。調味料はみりん、砂糖を入れて、2～5分ほど煮てなじんでから、しょうゆや塩を加えると材料に味を含ませやすいです。沢村さんも愛読していた『沢崎梅子の家庭料理の基礎』（婦人之友社）にも「からみの味の方が早く材料にしみ、材料をしめる性質もあるので、甘味の方を先に入れた方がききがよい」と書いてありました。

・**揚げ物の油のきり方**について。揚がったら、キッチンペーパーをしいたバットにとり、油をしっかりきります。その後、揚げ網に重ならないようにのせてください。

・鍋は、大は小を兼ねる、とはいかないのが難しいところ。それぞれの料理にぴったりの鍋が見つかると、上手に仕上がります。「大きめ」「小ぶりの」「小鍋」などレシピ内に書き添えたので、ヒントにしてください。

・浅く平たい竹製のザル「**盆ザル**」があると便利です。茹でた食材を冷ましたり、水をきったり、盛り付けに使ったり、キッチンペーパーをしいて揚げ物を受けたり……。

・料理名は沢村さんの献立日記のままの表記です。

・「春（夏、秋、冬）の惣菜」のページは、NHKでの放送のなかったこの本だけの内容です。献立日記に繰り返し出てくるおかずや、沢村さんの真骨頂とも言える、食材のとり合わせがユニークな料理などをとり上げました。

春

春の献立──①

牛肉バタ焼
そら豆 白ソース和
小松菜 蒲鉾煮浸し
若芽の味噌汁

貴金属に興味はないから指輪ははめないし、貯金通帳の0を数える趣味もない。（中略）こちらはなにしろ庶民だから、あんまりぜいたくなものを食べたりすると、今日《こんにち》さまに申し訳なくて気がひける。そんなときに──まあいいでしょう、ダイヤの指輪一つ買ったと思えば──と自分に言いわけするのが癖になっている。おかげで、いつも、気楽においしいものが食べられる、という仕掛けなのだけれど──ちょっと、おかしいかしら。（「ぜいたく」沢村貞子『わたしの献立日記』中公文庫）＊

＊献立一覧下の文章はすべて、沢村貞子さんの著作からの引用です。

昭和 41.4.22

牛肉バタ焼

牛肉（お好みの部位。鉄板焼き用）　250g
新玉ねぎ　1個
クレソン　適量
油　適量
牛脂　適量
バター　15g
塩　少々
つけあわせ
　大根おろし　1カップ
　しょうゆ　適量

牛肉は室温にしておきます。新玉ねぎは1.5cm厚の輪切りに、クレソンは水に放ちシャキッとさせます。

　フライパンを熱し油をひき、新玉ねぎを並べ、塩を軽くふり、両面をじっくりこんがり焼いて皿に盛ります。同じフライパンを熱し牛脂を溶かし、バターを入れ、牛肉を並べ、塩を軽くふり、中火で焼きます。表面に水分が浮いてきたらひっくり返し、10秒ほど焼いて玉ねぎの皿に盛り、クレソンを添えます。軽く水気をきった大根おろしにしょうゆをかけて添えてください。

　沢村さんの献立にはこんなお肉料理がしばしば登場します。部位は、沢村さんならヒレでしょう。なにしろ沢村さんにとって食べ物がダイヤですから。

小松菜 蒲鉾煮浸し

作りやすい分量
小松菜　２００g
かまぼこ　50g
梅干し（粗く刻む）　大さじ½
昆布だし（P11）　４００㎖
薄口しょうゆ　大さじ１
みりん　大さじ１
塩　小さじ½

小松菜は食べやすい長さに、かまぼこは短冊に切ります。

昆布だしに、薄口しょうゆ、みりん、塩を加え、中火にかけ、かまぼこを入れます。沸騰したら小松菜を茎のほうから加え、ざっと混ぜ、緑が鮮やかになって火が通ったら、火を止め、梅干しを加えて混ぜます。

煮浸しを、沢村さんはよく作っています。たまには梅味もあったんじゃないでしょうか？

そら豆 白ソース和

そら豆　12さや（豆の重さで180g）
ナツメグ　適量
パルメザンチーズ　適量
白ソース（作りやすい分量）
牛乳　350〜400㎖
薄力粉　大さじ3
バター　大さじ3
塩　小さじ⅔

白ソースは時間がたつと固まってしまいます。そら豆が茹だったらすぐにからめられるように同時進行を目指しましょう。

まず白ソースを作ります。薄力粉はふるっておきます。鍋にバターを入れて弱火で溶かし、薄力粉を加え、木ベラでたえず混ぜます。大きかった泡が小さくなったら火を止め、牛乳を半分加えて、ホイッパーでよく混ぜます。混ざったら、残りの牛乳も加えて混ぜ、中火にかけ、木ベラで混ぜながら加熱します。沸騰してとろみがついてきたら、弱火で4〜5分煮て、塩を加えて火を止めます。ふたをして保温しておくと固まりにくいです。煮ている間にそら豆を塩茹でしてください（塩は分量外）。

うす皮をむいたそら豆と白ソース、ナツメグをボウルで和えて、器に盛り、最後にパルメザンチーズをかけます（レシピはソースが多めなので加減してください）。

ナツメグ、パルメザンチーズのかわりに山椒粉でもおいしいです。白ソースが余ったらのばしてスープにしたり、じゃがいもとコロッケにしたり、グラタンにしても◎

冷めると固くなる白ソースを、沢村さんはどんなタイミングで仕上げていたのでしょうか？　この日の献立だと、肉も食事の直前に焼きたいですし……。

春の献立――②

鯛のおさしみ
ふきと筍とわかめのたき合せ
せりのごまよごし
みそ汁
（板麩、ねぎ）

十冊目（四十八年）の秋からの献立日記に、急に魚料理がふえている。知り合いの紹介で江の島の魚屋さんが週二回、その朝とれたものをかついできてくれることになったからである。（中略）「ついでに、そっちのひらめと、車えびをもうすこし……」／と欲張ったりすると、／「お宅の人数で、それじゃ多すぎますよ、古い魚食べるくらいなら、肉にした方がいい」／とさっさと片づけてしまうから、面白い。（ぜいたく『わたしの献立日記』）

昭和 49.4.30

鯛のおさしみ

江の島の魚屋さんの魚を食べて『おさしみって、こんなにおいしかったかねえ』／老夫婦は顔を見合せたものだった」（ぜいたく『わたしの献立日記』）と書いている沢村さん。魚屋さんが来た日は鮮度がいいのでおさしみ、次の日は天ぷら、それからアラ煮、煮付けに。献立日記には順番と工夫がありました。

魚はひと塩してキッチンペーパーをかけ、1〜2日おくと味が凝縮して、天ぷら、塩焼き、フライなどもおいしくできます。

せりのごまよごし

せり　100g
和え衣（混ぜておく）
黒すりごま　大さじ2
しょうゆ　小さじ2
砂糖　小さじ1

せりを塩茹でし（塩は分量外）、水にとります。ほどよく絞って（絞りすぎない）、食べやすい長さに切り、ボウルでごまの衣と和えます。

ふきと筍とわかめのたき合せ

この日の主菜は鯛の刺身、とシンプルですが、副菜のたき合わせには時間と手間がとってもかかります。ふきと筍をそれぞれ煮て、盛り合わせてください。

春になると、私も友人から「筍を送りたいけど、いつ届けるのがいい?」なんて連絡をもらったりします。鮮度が大事。すぐに茹でないとアクが強くなってしまいますから、送るほうも気を遣います。きっと、到来物に、沢村さんも予定を変更することがあったでしょう。

筍とわかめの組み合わせも春ならでは。いわゆる「出会いもの」です。鴨とねぎ、アサリと三つ葉など、引き立て合う旬の食材を言います。日本の料理の長い歴史のなかで見出されました。

ふきも季節物。なんでも一年中手に入る世の中になりましたが、春と秋のほんの一時しかお店に並びません。

沢村さんは煮たふきを、こんなふうにたき合わせに使うだけでなく、白和えや八幡巻、ちらしずしにもしていたようです。

ふきの煮物

作りやすい分量
ふき　3本（300g）
だし（P11）　600㎖
みりん　大さじ2
塩　小さじ1と½

鍋の長さにふきを切り、板ずりします（塩は分量外）。沸騰した湯で4〜5分茹で、水にとり、すじをむき4〜5㎝に切ります。

鍋にだし、みりん、塩を入れ、中火にかけます。沸いたらふきを入れ、再び沸騰したらザルにすくって広げ、冷まします。汁も冷めたらふきを戻し1時間以上浸します。

これは私が思う「沢村さんっぽい」作り方です。私は普段、映画やドラマで登場人物「らしい」料理を用意するのが仕事。この番組では「作り方は自由で」と制作陣から言われましたが、それでも想像してしまいました。私のいつもの調理法も紹介しましょう。濃いめのだし250㎖に塩小さじ1と½を溶き、冷まして、ロックアイス250gを入れ、濃いめの吸い物くらいの味に。そこへすじをとって食べやすく切り、しっかり茹でたふき（300g）を熱いまま浸します。味はしみるし色鮮やか。ブロッコリー、スナップエンドウでも。かぶやにんじんを固めに茹でてサラダ感覚で。

筍とわかめのたき合せ

作りやすい分量
筍　2〜3本
ぬか　水1ℓに対し½カップ
たかのつめ　1本
生わかめ　50g
だし　600㎖
みりん　大さじ1
薄口しょうゆ　大さじ1
塩　小さじ1

筍を茹でます。土を洗い落として3〜4枚外側の皮をむき、上の部分を斜めに切り落とし、タテに切り込みを入れます。鍋に筍、かぶるくらいの水、ぬか、たかのつめを入れて混ぜ、落としぶたをして強火にかけます。沸騰したら弱火にし、竹串がすっと通るまで1〜1時間半茹で、火を止めてそのまま冷まします。皮をむき、穂先はくし切りに。根元はイボをむき、1.5㎝厚の輪切りにし、さらに食べやすい大きさに。生わかめも食べやすい長さに切ります。

鍋にだしを入れて中火にかけ、筍、みりんを入れます。沸いてきたら弱火にし、薄口しょうゆ、塩を加え、20分ほど静かに煮て火を止め、ふたをし、なじませます。食べるときにふたたび火にかけ、沸いてきたらわかめを入れ、弱火で5分ほど煮ます。

春の献立——③

いいむし
（ひらめ、ぎんなん）
しらすとおろし
黒豆のふくめ煮
みそ汁
（さやえんどう）

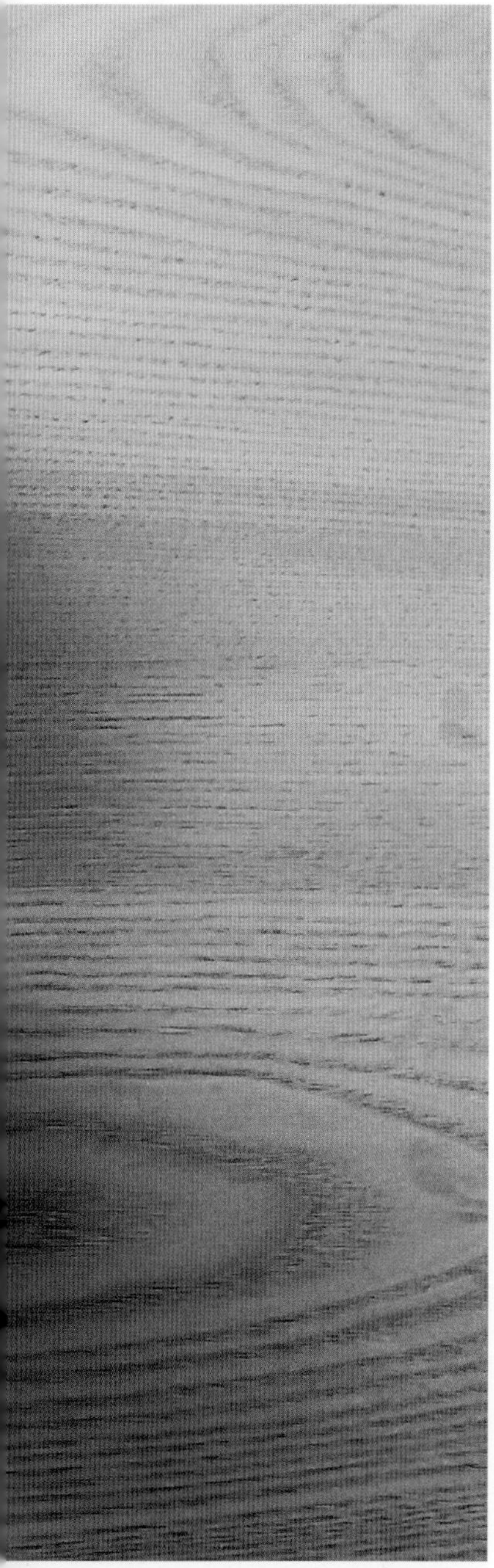

安もののおそうざい、などとさげすんではいけない。まめという言葉には息災という意味もある。相手の健康を願うとき（あなたもおまめで……）というが、これは栄養たっぷりの豆をせいぜい召し上って、病気をなさらないように……ということではないのだろうか

（常備菜『わたしの台所』光文社文庫）

昭和 49.4.7

いいむし（ひらめ、ぎんなん）

4人前
もち米　2合
昆布　3g
酒　大さじ2
塩　小さじ1
ひらめ　120g
下味
　酒　小さじ1
　塩　ふたつまみ
むき銀杏（茹でる）　4粒
梅干し（刻む）　小さじ1
木の芽　適宜

もち米を洗い、30分浸水します。

炊飯器に水をきったもち米、酒、塩を入れ、おこわモードがあればそれにしたがって水を入れ（なければふつうのご飯の水加減のラインの下まで）、ざっと混ぜて昆布をのせて炊きます。

ひらめを7㎜厚のそぎ切りにし、酒、塩で下味をつけます。

もち米が炊けたら茶碗にふわっと盛り、むき銀杏、ひらめをのせ、ふた（なければアルミホイルでも）をして、蒸気の上がった蒸し器に入れ中～強火で8～10分蒸します。

蒸しあがったら、梅干しと木の芽をのせてください。


いいむし、シンプルですが、ただならぬ料理です。炊飯器も使って手軽に作ってみました。ひらめはびっくりするほどつやつやになります。煮物にすると煮こごるだけのことはありますね。色のきれいな梅をのせて、あでやかに仕上げました。

黒豆のふくめ煮

作りやすい分量
黒豆（乾燥）　３００g
水　２ℓ
砂糖　２００〜２３０g
しょうゆ　大さじ１
重曹　小さじ½
塩　少々

鍋に分量のうち１.５ℓの水、砂糖、しょうゆ、重曹、塩を入れて中火にかけ、沸いたら火を止め、残りの水、洗った黒豆を入れ５〜６時間浸します。鍋を再び中火にかけ沸いたらアクをとり、落としぶたをしてごく弱火で２〜３時間、豆がやわらかく（お好みの食感に）なるまで煮ます。火を止めて冷めるまでそのままおきます。

しらすとおろし

この日の献立は、やさしい食感が多いので、鬼おろしにしてシャキシャキと。しょうゆをたらすのもいいですが、甘酢も合います。

春の献立――④

とりの黄金揚
貝柱のぬた
さつま芋の甘煮
空豆の塩ゆで
はんぺんの味噌汁

母も私も近所のおばさんたちも、（中略）味噌汁という食物を、とても大切に思っていたことはたしかだった。みんな、なんとか美味しくこしらえようと一生懸命だった。亭主たちも、／「うちのかあちゃんがこしらえた奴を三杯ものめば、もりもり力が出てくるのさ」／と仕事場でそれぞれ自慢の鼻をうごめかしていたものだった。（御御御つけ『わたしの台所』）

昭和41.5.3

とりの黄金揚

鶏むね肉　1枚（300g）
しょうが汁　小さじ1
しょうゆ　大さじ1
酢　小さじ½
塩　少々
衣
　米粉　50g
　卵黄　1個
　冷水　75ml
油　適量

鶏むね肉を一口大のそぎ切りにし、ボウルに入れ、しょうが汁、しょうゆ、酢、塩を加えて混ぜ、5〜10分おきます。

冷水に卵黄を混ぜ、米粉も合わせて衣を作ります。鶏肉の水気を軽くきって米粉（分量外）をうすくまぶし、衣をつけ、170℃の油で2分半〜3分黄金色に揚げ、油をきって器に盛ります（油のきり方は、P12を参照してください）。

お酢を入れると、むね肉でもしっとり。香りもよくなります。

鶏の天ぷらのようなものですが、「黄金揚」とは美しいネーミングです。もも肉でもおいしいですが、むね肉なら形がきれいで「黄金」にふさわしい上品さに。

さつま芋の甘煮

作りやすい分量
さつまいも　1本（400〜500g）
水　500ml
みりん　大さじ3
砂糖　大さじ2〜2と½
しょうゆ　小さじ1
塩　ひとつまみ

さつまいもは皮付きのまま約1.2cm厚の輪切りにし、水にさらします。

鍋に分量の水とさつまいもを入れて中火にかけ、沸いたら弱火にし、5分煮ます。

みりん、砂糖を入れてなじんだら、しょうゆ、塩を加えて火が通るまで5〜8分煮て火を止めます。ふたをして蒸らしてください。

しょうゆと塩のかわりに梅干しを適量入れてもおいしいです。

貝柱のぬた

ホタテ貝柱（生食用）　6粒
三つ葉　½束
からし酢みそ（混ぜておく）
　みそ　大さじ2
　酢　大さじ1〜1と½
　砂糖　大さじ1と½
　からし　小さじ½

鍋に湯を沸かし、ホタテ貝柱を入れ、20秒ほど茹でて冷水にとり「霜降り」にします。三つ葉もさっと茹で冷水にとります。ホタテ、三つ葉の水分を拭き、食べやすく切ります。

食べる直前にからし酢みそでさっと和えてください。

三つ葉のかわりにアスパラ、菜の花などでも。

はんぺんの味噌汁

はんぺん　½枚
煮干しだし（P12）　500㎖
みそ　大さじ2

煮干しだしを温め、さいの目切りにしたはんぺんを入れ、みそを溶き、煮えばなを器に盛ります。

春の献立——⑤

にぎりずし
（かつお、鯛、いか）
おすまし
（とろろ、青のり）

長い間生きていると、いつの間にか自分なりの暮し方が身について、今日も明日も、つい同じことをくり返してゆく。そのうちにドンヨリと気持がよどみ、しまいには砂を噛むような味気なさに気がめいってくる。／もし、それに気がついたら、どんな小さなことでもいい、とにかく目先きをかえることである。（あきていませんか『わたしの台所』）

昭和 49.5.4

おすまし
（とろろ、青のり）

長芋　１００g
青のり　適量
だし　２５０㎖
塩　小さじ½
しょうゆ　少々

　長芋は皮をむいてすりおろします。

　鍋にだしを入れ中火にかけ、塩を加え、沸騰したら長芋を入れてさっと混ぜます。だしのところ、とろろが多めのところ、とムラがあるほうが食感が違っておいしいです。仕上げにしょうゆをひとたらし。お椀によそい青のりを散らします。

　沢村さんの献立日記は簡潔でレシピは書いてありません。おすましの実に「とろろ」とありました。とろろ昆布かな？　と思いましたが、「とろろ昆布」を使うときは略さず書いている……じゃあ長芋？　作ってみたら、私もすっかり気に入ってしまいました。献立日記にはみそ汁バージョンも。

　沢村さんは、けずり箱でかつおぶしを削ってだしをとっていました。一番だしで、お吸い物を、ひきあげた昆布とかつおぶしをゆっくり煮出して、最後にひとつかみかつおぶしを入れた、こっくりとした味の二番だしは煮物に。憧れますね。（参考・かつお節『わたしの献立日記』）

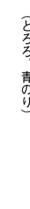

新しょうが　甘酢漬け

作りやすい分量
新しょうが　250g
甘酢
　酢　150ml
　酒　50ml
　砂糖　大さじ1
　塩　大さじ½

作った次の日から食べられます。

新しょうがの皮をむき、薄切りにします。沸騰した湯でさっと茹で、ザルに広げて水気をきり、粗熱をとります。

小鍋に酒を入れ、中火にかけ、沸いたら、酢、砂糖、塩を加えよく混ぜ、ふたたび沸いたら火を止め冷まします。

清潔なビンに新しょうがと甘酢を入れます。

献立日記にはなかったけれど、沢村さんならガリも手作りだったでしょうね。梅酢で漬けてもおいしいです。

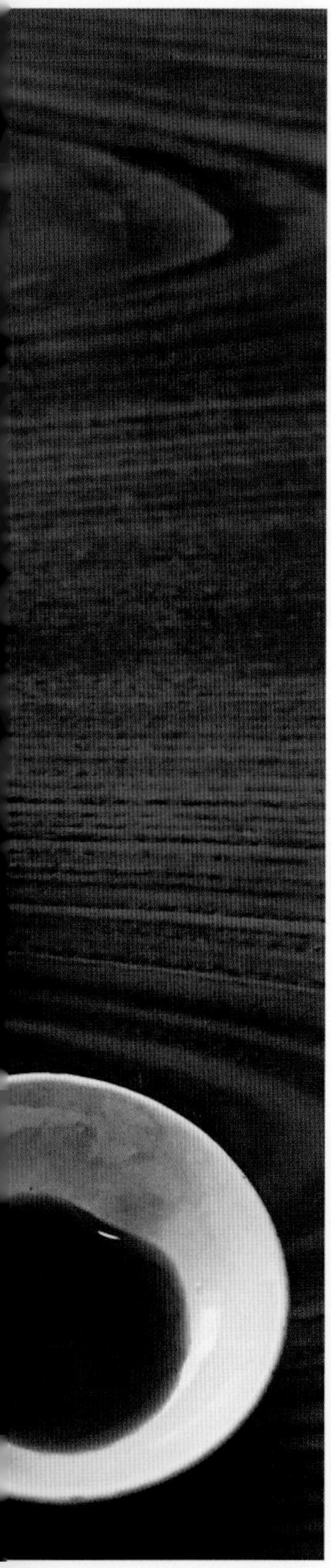

にぎりずし

作りやすい分量
米　2合
昆布　3g
酒　大さじ1
すし酢（混ぜておく）
　酢　大さじ5
　塩　小さじ1
かつお　½さく
鯛　½さく
いか（胴。刺身用）　1杯
しょうゆ　適量
薬味（各適量）
　わさび
　小ねぎ
　おろししょうが

米を洗い浸水したら、水を減らし、昆布、酒を入れて少し硬めに炊いてください。米が炊けたら昆布をとり、飯台にあけ、すし酢をまわしかけ、しゃもじで米を切るように混ぜ、うちわであおいで粗熱をとります。

わさびは皮の黒い部分を削ってからすりおろします。小口に切った小ねぎとおろししょうがは混ぜ合わせます。

かつお、鯛は5㎜厚のそぎ切りにします。いかは皮をむいてひらき、細かい切り目を表面に入れてから適当な大きさに切ります。

鯛、いかをにぎります。まず、右手に水を少しつけ、すし飯を一口大ににぎります。左手にネタをのせ、わさびをぬり、その上にすし飯をのせ形をととのえます。ひっくり返し、さらに軽く形をととのえます。いかは仕上げに塩（分量外）を軽くふります。

かつおはわさびをぬらずににぎり、仕上げにハケでしょうゆをぬり、小ねぎとしょうがを混ぜたものをのせます。

沢村さんに限らず、70～80年代は家でにぎりずしを作っていたという文章をよく目にします。私は作ったことがなかったのでユーチューブを観て何度か練習しました。難しくて楽しいです。最初は自分のできなさに思わず笑っちゃいました。笑いが出る料理なんて最近なかなか巡り会いません。

おにぎりと一緒でくずれない程度にふわっとにぎるのがポイントです。

春の献立——⑥

ローストビーフ
（焼じゃがいもそえ）
グリーンアスパラとトマトのサラダ
（レタス、マヨネーズ）
コーン・ポタージュ
やきのり

「ここのうちのご飯はうまい」／と賞《ほ》めて下さるときは——炊き方のせいも多少はあるだろうけれど、それより、ご飯茶碗へのよそい方ではないかしら。丁度よくむらした炊きたてのご飯を、しゃもじでホンのすこしずつ、フンワリ盛るのが何より（中略）ご飯も酸素をたっぷり吸うと、ぐっと味がよくなるらしい。（手料理『わたしの献立日記』）

昭和 49.4.19

グリーンアスパラとトマトのサラダ

レタス　⅓玉
アスパラ　4本
トマト　1個
マヨネーズ
　卵黄　1個
　酢　小さじ2
　ディジョンマスタード　小さじ1
　油　120〜140㎖
　塩　小さじ⅓
　白こしょう　少々

　レタスは水に浸しパリッとさせてから繊維にそって裂き、食べやすい大きさにちぎって水気をきります。アスパラは茎の固いところは皮をむき、4〜5㎝に切って、塩茹でし（塩は分量外）、ザルに広げて冷まします。トマトはくし形に切ります。野菜をすべて器に盛って冷やします。

　マヨネーズを作ります。ボウルに卵黄、酢、マスタード、塩を入れ、ホイッパーでよく混ぜます。油を線のように少しずつたらしながら加え、たえず混ぜてください。最後に白こしょうと、酢や塩（分量外）で味をととのえます。ワインビネガー、ホワイトバルサミコ、グレープシードオイル、オリーブオイルなどを使ったり、砂糖やはちみつで甘みをつけてもおいしいです。

コーン・ポタージュ

コーンクリーム缶も手軽でいいけれど、冷凍の生トウモロコシを使うとフレッシュな味わいで私は好きです。グリーンピースを旬に冷凍保存していた沢村さんなら、わかってくれるはず。作り方はＰ80を参考にしてください。

やきのり

ローストビーフに夢中になっていたらご飯が残ってしまうし、サラダやコーン・ポタージュでは残念ながらご飯は進みません。おいしいやきのりにしょうゆをつけてご飯で締めれば完璧ですね。それに明太子もあれば……。

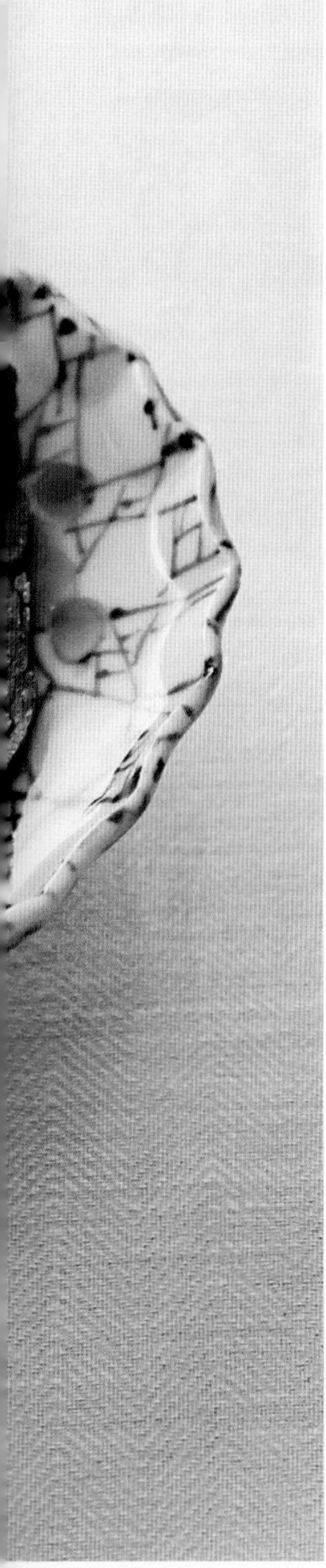

ローストビーフ

作りやすい分量
牛ももブロック　500g
にんにく　1片
玉ねぎ　½個
じゃがいも　1〜2個
塩　適量
黒こしょう　適量
オリーブオイル　適量
ソース
オリーブオイル　大さじ1
はちみつ　大さじ½
酒（または白ワイン）　大さじ3
しょうゆ　大さじ1と½
粒マスタード　大さじ1
黒こしょう　適量

牛ももブロックは調理する1時間ほど前に冷蔵庫から出し、室温にしておきます。オーブンは120℃に予熱してください。

牛肉に塩（小さじ1）、黒こしょうをふり、半分に切ったにんにくの断面をすり込みます。玉ねぎはタテに4つに切ってから繊維をたち切ってスライスします。じゃがいもはしっかり洗い、芽があればとって、皮付きのまま2cm角に切って水にさらします。

フライパンを熱してオリーブオイルをひき、牛肉のまわりを強火で焼きつけます（フライパンはソース作りに使うので洗わずに）。オーブンの天板にアルミホイルをしき、玉ねぎを中央に置き、牛肉を上にのせます。天板の空いたところに水気をきったじゃがいものせ、40分ほど焼きます（400gなら約35分）。焼きあがった牛肉は新しいアルミホイルに包んで休ませます（20分）。

休ませている間にソースを作ります。牛肉を焼いたフライパンにオリーブオイル、オーブンから出した玉ねぎ、はちみつを入れ、弱めの中火で炒めます。玉ねぎが飴色になってきたら、酒を入れ、沸騰したら火を止め、しょうゆ、粒マスタード、黒こしょうを加えて混ぜます。お好みで肉にこすりつけたにんにくをすりおろして加えてもおいしいです。

オーブンから出したじゃがいもは、別のフライパンにオリーブオイルをひき、中火でころがしながらこんがり焼き、塩をふります。牛肉をお好みの厚さに切り、器に盛り、じゃがいもを添えます。ソース以外に塩、黒こしょう、フレンチマスタード、わさび、ゆずこしょうなど食べ方はお好みで。

炒り豆腐
（おとうふ、にんじん、ごぼう、ねぎ、きくらげ、玉子）

平成元.5.30

木綿豆腐　½丁
にんじん　50g
ごぼう　50g
生しいたけ　2枚
長ねぎ　10cm
卵　2個
ごま油　大さじ1
塩　小さじ⅓
酒　大さじ2
しょうゆ　大さじ1
みりん　大さじ½
かつおぶし　3g（かつおパック1袋）

にんじんは太めの千切り、ごぼうはささがき、生しいたけは石づきをとりスライス、長ねぎは小口切りにします。

鍋にごま油をひき、中火にかけ、にんじん、ごぼう、しいたけを、塩を加えて炒めます。しんなりしたら長ねぎと、木綿豆腐をちぎりながら加えてさらに炒めます。

豆腐が温まったら酒、しょうゆ、みりん、かつおぶしを加え、調味料が沸いたらひと混ぜし、卵を溶いてまわし入れ、ひと息おいてから大きく混ぜます。水分がほとんどなくなったら完成です。

沢村さんはきくらげでしたが、手に入りやすいしいたけに変えています。

いか外国料理　いかとわかめ　ねぎ

昭和47.5.22

いか（胴）　180g
生わかめ　50g
長ねぎ　10㎝
にんにく　½片
ごま油　大さじ1
酒　大さじ½
塩　小さじ⅓
酢　小さじ1
一味　少々

いかは皮をむいて一口大に切ります（ゲソとワタは使いません。別の炒めものなどに活用してください）。生わかめは食べやすい長さに、長ねぎは5㎜厚の斜め切りに、にんにくはスライスします。

フライパンにごま油とにんにくを入れて中火にかけ、いい香りがしてきたら、ねぎ、わかめをさっと炒め、いかも加えて炒めます。いかにほどよく火が通ってきたら、酒、塩、酢で味付けし、器に盛り、一味をかけます。

塩のかわりにナンプラーで味付けしてもおいしいです。

新じゃがチーズかけ

昭和 41.5.22

新じゃがいも　300g
コンテチーズ　40〜60g
油　適量
塩　適量
黒こしょう　適宜

新じゃがいもはよく洗ってから、皮付きのまま水をきって乾かし、大きいものは一口大に切ります。約160℃の油で15分ほど火が通るまで素揚げします。油をきり、塩をかけて器に盛り、コンテチーズ（ゴーダ、チェダー、グリエールでも）を削ってかけます。お好みで黒こしょうを。私はフランスで買ってきた「熟成コンテ」を使ってみました。

こうやどうふのオランダ煮とふきの煮つけ

昭和 55.5.30

高野豆腐　4枚
ふきの煮物（P24）　適量
油　適量
煮汁
だし　600mℓ　しょうゆ　大さじ2
みりん　大さじ2　砂糖　大さじ½〜1
塩　小さじ½　たかのつめ　1〜2本

高野豆腐は水でもどしてから絞り、一口大に切り、約165℃の油で2分ほど揚げます。煮汁の材料を鍋に入れ火にかけ、沸いたら油抜きした高野豆腐を入れ、落としぶたをして、弱火で10〜15分煮ます。ふきの煮物と一緒に盛りつけて召し上がれ。

梅若汁（梅ぼし、わかめ）

昭和52.5.21

生わかめ　30g
梅干し　2個
だし　500mℓ
酒　大さじ1
塩　適量

生わかめは食べやすい長さに切ります。だしを温め、梅干し、わかめを入れ、酒と塩で味付けをしたらお椀によそいます。

私は梅と塩だけの塩分20％の梅干しを使いました。ものによって味が異なるので、味見と塩加減はしっかりと。しょっぱすぎる梅干しなら、水にしばらく浸して塩抜きしてもよいです。

さやのピーナッツバタあえ

昭和59.5.11

きぬさや　30枚
ピーナッツバター　大さじ2
酢　大さじ1
しょうゆ　大さじ½

きぬさやのすじとヘタをとり、塩茹でし(塩は分量外)、ザルに上げて冷まします。

タレを作ります。ボウルにピーナッツバターと酢を入れてよく混ぜ、しょうゆを加えてさらに混ぜます。

きぬさやを器に盛り、タレを和えながら召し上がれ。

夏

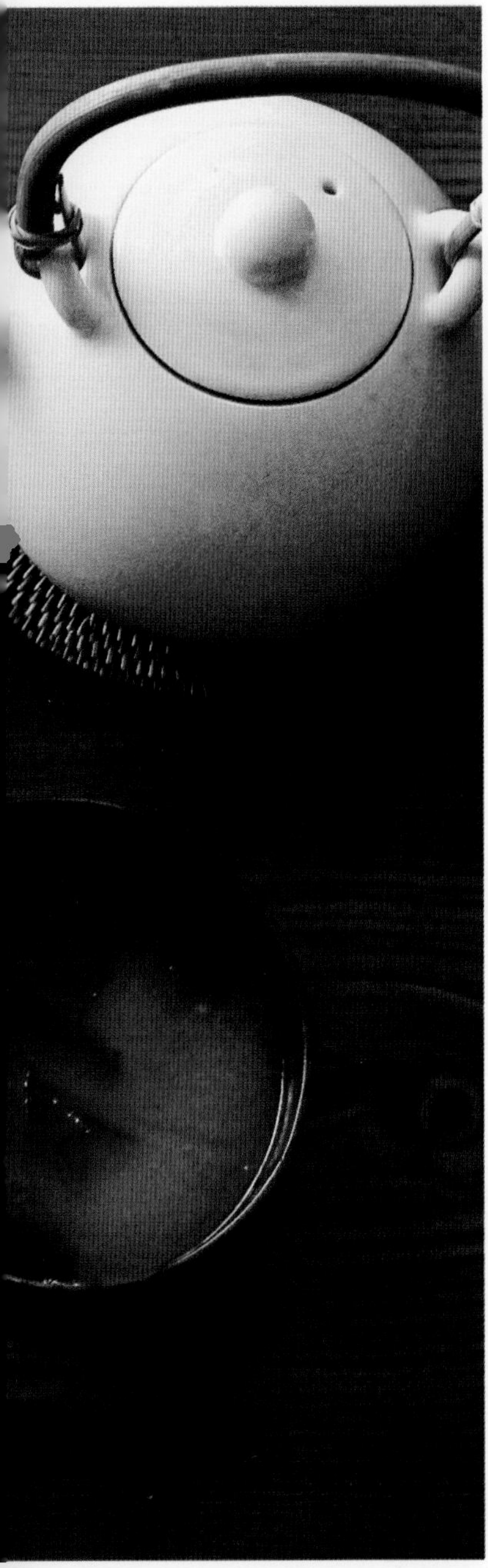

夏の献立――①

えび入りおこげ料理
（干しおこげ、大正えび、豚肉、じゃが芋、生しいたけ）
いんげんのおひたし
鮭茶づけ
みそ汁
（わかめ）

フライパンをすこし温めて、ご飯粒が重ならないように、濡《ぬ》れ手でそっと拡《ひろ》げてゆっくり焼くと、やがて狐色のレースのような干飯になる。笊《ざる》の上に並べて風通しのいいところに一日干せば出来上がり。熱湯をかけるだけで食べられるし、日保《ひも》ちがいいから、何かのときに役に立つ。（移り変わり『わたしの献立日記』）

昭和53.7.18

鮭茶づけ

緑茶茶葉　小さじ2
熱湯　600㎖
かつおぶし　ひとつかみ（8～10g）
塩　小さじ1
ご飯　2膳
鮭の梅和え（P88）　適量
ぶぶあられ　適量
わさび　適宜
のり　適宜

お茶漬けだしを作ります。鍋を中火にかけ、緑茶茶葉を入れ、乾煎りします。香ばしい香りがしたら、熱湯とかつおぶしを加えます。沸騰寸前に火を止め1分ほどおいて茶こしで濾し、塩を加えます。お茶の効かせ具合は味をみて調整してください。

茶碗にご飯をよそい、鮭の梅和え、ぶぶあられをのせ、お茶漬けだしをかけます。お好みでわさび、のりを加えてください。

おこげと鮭茶漬けが一緒にある食卓。さらにみそ汁。たまにはこんな風に食べたくなる日もありますよね。

いんげんのおひたし

いんげん　15本
おろししょうが　小さじ1
しょうゆ　小さじ½～1

いんげんは塩茹でし（塩は分量外）、ザルに上げて冷まし、食べやすい長さに切ります。ボウルにしょうゆ、おろししょうが、いんげんを入れて和え、器に盛ります。

沢村さんは「いんげんのおひたし」とだけ書いていますが、作り方はいろいろありますよね。だしを薄口しょうゆで味付けして浸したり、かつおぶしで和えたり……。「おひたし」は、その日の忙しさや気分でアレンジできる、家庭料理ですね（P62は同じいんげんで、また別のおひたしにしました）。

えび入りおこげ料理

干しおこげ
ご飯　250g（おこげ2枚分）
えび（小、殻付き）　6尾
豚バラスライス　3枚（60g）
生しいたけ　2枚
じゃがいも　1個
油　適量
片栗粉　大さじ1
スープ
水　300mℓ
鶏ガラスープ（顆粒）　大さじ½
薄口しょうゆ　大さじ1
酒　大さじ1
砂糖　小さじ1

干しおこげはあらかじめ仕込んでおいてください（P54の引用参照。両面焼きます）。

あんかけを作ります。

えびは殻と背ワタをとり、豚バラスライスは3cmぐらいの長さに切り、それぞれ片栗粉（分量外）をうすくまぶします。生しいたけは石づきをとりスライスし、じゃがいもは皮をむき8mm厚の半月切りにします。

フライパンに多めの油をひいて、中火でえび、豚肉、しいたけ、じゃがいもを揚げ焼きにします。同時に、スープの材料を小鍋にすべて入れて沸かしておきます。具に火が通ったらどんどんスープに移していきましょう。最後に倍量の水（分量外）で溶いた片栗粉を小鍋に加えとろみをつけます。

干しおこげを食べやすい大きさに割り、多めの油（鍋の底から2cmくらい、約170℃）で素揚げにし、油をきって器に盛り、熱々のうちに、熱々のあんをかけて完成です。

干しおこげは、引用した沢村さんのエッセイのままに作ってみました。フライパンにご飯を広げるときの「濡れ手」は、びしょびしょくらいがやりやすかったです。水気が多くなって心配になりますが、あっという間に乾いてしまいます。

沢村さんが書き添えた具材を見て「おこげの具にじゃがいも〜！」と驚きました。でも、作ってみたら意外にイイです。想像以上においしいあんかけになりました。

夏の献立――②

やきなすのそぼろあんかけ
枝豆のおろしあえ
いんげんのおひたし
冷やし茶わんむし

幾度戸棚をのぞきこんでも、そこには長年見慣れた安物の皿小鉢しかないことはよくわかっている。それでも私は首をかしげる。（中略）私は毎日使う皿小鉢は、なるべく中側が白く単純なものをえらぶようにしている。その方が値段も手ごろなものが多いし、下手な料理のアラもかくしてくれるようである。（料理のおしゃれ『わたしの台所』）

昭和 52.7.27

枝豆のおろしあえ

枝豆　300g
大根おろし　½カップ
すだち　1個
塩　少々

枝豆は、塩(分量外、水1.5〜2ℓに大さじ1くらい)を加えたたっぷりのお湯で茹で、ザルに上げ、粗熱がとれたらさやから豆をとり出してください。

大根おろしの水気を軽くきり、塩を入れ、すだちを搾ります。

大根おろしに枝豆を混ぜ、器に盛ります。

今回はさっぱりと、すだちを使いました。沢村さんはときどき、三杯酢で味付けしていたようです。

いんげんのおひたし

いんげん　15本
だし　120〜150mℓ
塩　小さじ½
白すりごま　少々

だしに塩を溶き(お吸い物より少し濃いめに)、冷ましておきます。

いんげんを塩茹でし(塩は分量外)、ザルに上げて冷まします。タテ半分に切ってから食べやすい長さに切り、だしに浸します。

食べる直前に水分をきり、器に盛り、白すりごまを散らします。

やきなすのそぼろあんかけ

なす　6本
だし　200ml
薄口しょうゆ　大さじ1
おろししょうが　適量

あん
そぼろ　150〜200g
だし　200ml
片栗粉　大さじ2

そぼろ（作りやすい分量）
豚ひき肉　400g
酒　大さじ4
しょうゆ　大さじ2と½
みそ　大さじ1と½
砂糖　大さじ1

そぼろを作ります。鍋に豚ひき肉と調味料をすべて入れ、さい箸で混ぜながらほとんど汁気がなくなるまで中火で煮ます。

なすはタテに切り目を3本ほど入れ、魚焼きグリルで、ころがしながらまわりが黒く焦げて、中身の水分が沸騰するまで焼き、氷水で冷やしてから皮をむきます。だし（常温）に薄口しょうゆを合わせた汁に、なすを浸します。

あんを作ります。小鍋に先ほど作ったそぼろのうち150〜200gとだしを入れて沸騰したら、倍量の水（分量外）で溶いた片栗粉を加え、とろみをつけます。

器に汁気をきったなすを盛り、あんをかけ、おろししょうがをのせます。

あんに使ったそぼろは、沢村さんの常備菜。お弁当やオムレツなどにも使えますね。

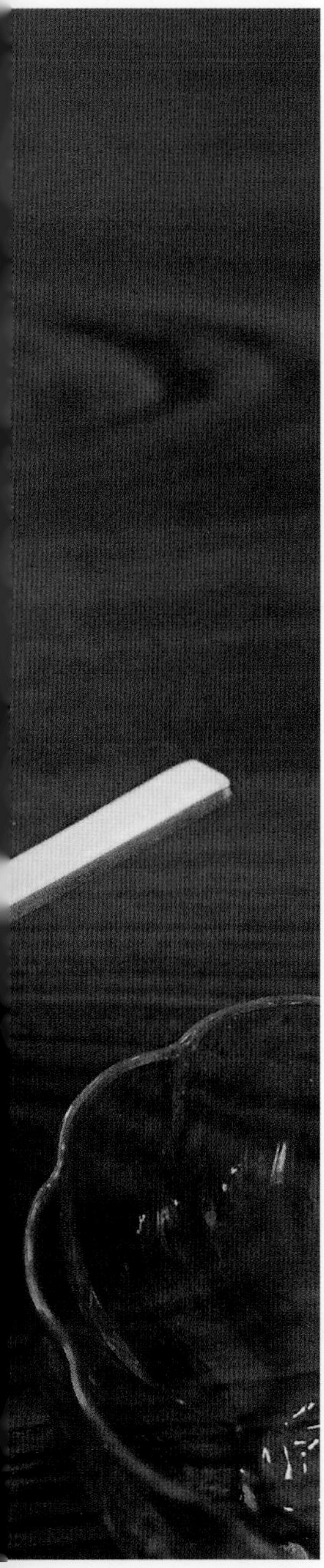

冷やし茶わんむし

卵液
卵　2個
だし　360㎖
塩　小さじ½
焼きかまぼこ　⅓本
干ししいたけ(中)　3枚
白うり　½本
だし(下味用)　200㎖
塩(下味用)　小さじ½
だし(茶わんむしの上にはる)
だし　120㎖
酒　小さじ1
しょうゆ　小さじ½
塩　小さじ¼

今回は2人分を大きな器ひとつで作ってみました。

焼きかまぼこはさいの目に切ります。干ししいたけは水でもどし石づきをとり5㎜厚のスライスにします。白うりは5㎜厚の輪切りにし種をとり、太いところはさらに半分に切ります。

具に下味をつけます。だしと塩、しいたけを鍋に入れ中火にかけ、沸いたら弱火にし7~8分、白うりも加えさらに2~3分煮て火を止めます。

卵液を作ります。卵をボウルで溶き、だし、塩を加え、混ぜて濾します。

器にかまぼこ、汁気をきったしいたけ、白うりを入れ、卵液を注ぎ、アルミホイルでふたをします。蒸気が上がった蒸し器に入れ、強火で2分、弱火で16分蒸し、火を止め3分蒸らします。粗熱がとれたら冷蔵庫で冷やします。

茶わんむしの上にはるだしを作ります。材料をすべて合わせてひと煮立ちさせ、冷やします。

冷えた茶わんむしに冷えただしをかけてできあがりです。

献立日記を見ていると、白うりのかわりにきゅうりのときも。沢村さんは、こんなふうに生で食べられる食材にあえて火を通したり、みそ汁にセロリや残った天ぷらを入れたり(P157)、自由に食材を使っていますね。

夏の献立――③

夏ずし
（ちりめんじゃこ、きゅうり、干ししいたけ、紅しょうが、かまぼこ、錦糸たまご、のり）
かぼちゃの甘露煮
冷いおすまし
（とりスープ、そうめん、青しそ）

青梅が梅雨を浴びてホンノリと黄味がかったころを見計らい、一晩水につける。これで青酸と苦味がぬける。

梅――二キロ
天塩――カップ二杯

梅の実を一粒ずつ手にのせて丁寧に塩をまぶしては瓶につめ、残りの塩を上からたいらにふりかけて、すこし軽めのおもしをかける。四、五日すると白梅酢とよばれる汁があがってくる。そのまま蓋をして陽のあたらないところに置く。（長生きはお好き？『わたしの台所』）

発行：Little More　著者：飯島奈美

沢村貞子の献立　料理・飯島奈美

定価:2200円
（本体2000円＋税10%）

(株)リトルモア　東京都渋谷区千駄ヶ谷3-56-6 金城ビル　TEL 03-3401-1042　FAX 03-3401-1052

9784898155172

ISBN 978-4-89815-517-2
C0077 ¥2000E

リトルモア　注文カード

定価
2200円
税率10%

店名（帖合）印

ご注文　年　月　日

部数

リトルモア　注文カード

発行：Little More

沢村貞子

(株)リトルモ

ISBN

者：飯島奈美

献立　料理・飯島奈美

定価:2200円（本体2000円＋税10%）
東京都渋谷区千駄ヶ谷3-56-6 金城ビル
TEL 03-3401-1042 FAX 03-3401-1052
www.littlemore.co.jp
978-4-89815-517-2 C0077 ¥2000E

昭和54.8.15

冷いおすまし
（とりスープ、そうめん、青しそ）

鶏スープ　５００㎖
　鶏ひき肉　１５０g
　水　５００㎖
　塩　適量
そうめん　１束
大葉　２枚

鶏スープを作ります。火にかける前に、鍋に鶏ひき肉と水を入れ、よく混ぜます。弱めの中火で沸騰させて、ひき肉に火が通ったら目の細かいザルなどで濾して完成です。もちろん他の料理にも応用できます。今回は、スープに塩を加えて調味し（お吸い物くらいの濃さ）、冷蔵庫で冷やします。

そうめんをたっぷりのお湯で茹で、流水で冷ましたら氷水でしめ、ザルに上げ水気をきります。

器に冷たいスープを入れ、そうめんを盛り、細切りにした大葉をのせます。

鶏スープをとったあとのひき肉は、しょうゆや砂糖で味付けしておくと、卵焼きに入れたり、ご飯にかけたり……といろいろ使えます。

かぼちゃの甘露煮

作りやすい分量
かぼちゃ　500g
水　300㎖
塩　ふたつまみ
みりん　大さじ2
砂糖　大さじ½
しょうゆ　小さじ1

かぼちゃは種をとり、皮の汚れたところを削ぎおとし、食べやすい大きさに切ります。

鍋にかぼちゃと水、塩を入れ、落としぶたをして弱めの中火にかけます。沸騰したらみりん、砂糖を加え、なじんだら、しょうゆも入れ、火が通るまで10分ほど煮ます。箸を刺して固ければさらに煮てください（水分がなくなっていたら、ちょっと水を足してください）。火が通って汁が少し残っている状態で火を止め、なじませます。

沢村さんの献立には、かぼちゃがよく出てきます。本当に大好きだったんでしょうね。私も好きです。

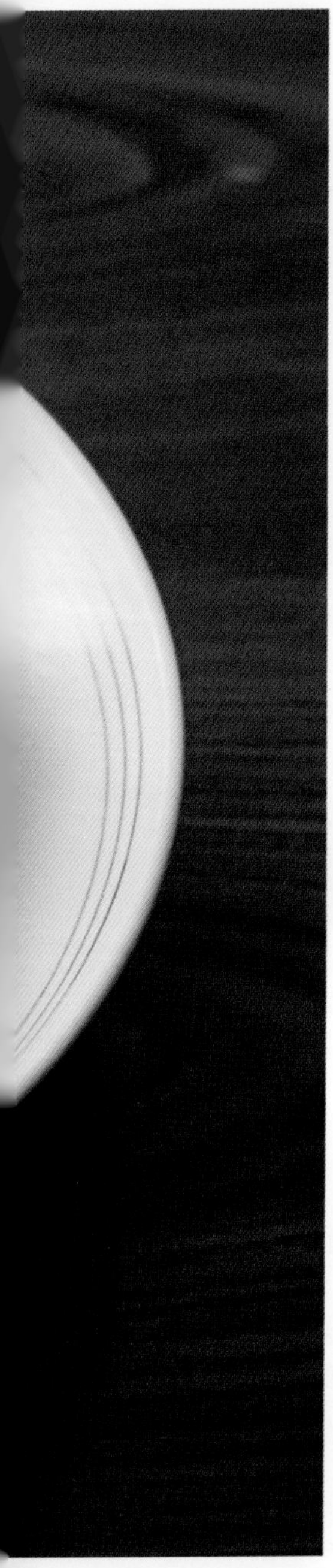

夏ずし

作りやすい分量
米　2合
昆布　3g
酒　大さじ1
すし酢（混ぜておく）
　酢　大さじ3
　梅酢　大さじ2
　砂糖　大さじ1
干ししいたけ甘煮
　干ししいたけ　5枚
　もどし汁　150㎖
　砂糖　小さじ2
　しょうゆ　大さじ1
錦糸卵
　卵　3個
　塩　ひとつまみ
　油　適量
きゅうり　1本
じゃこ　30g
焼きかまぼこ　½本
紅しょうが　適量

米を洗い浸水したら、水を減らし、昆布、酒を入れて少し硬めに炊いてください。

干ししいたけの甘煮を作ります。しいたけをもどして石づきをとり3㎜厚のスライスにし、もどし汁、砂糖、しょうゆの煮汁でほぼ水分がなくなるまでコトコト煮ます。

錦糸卵を作ります。卵をボウルに割りほぐし、塩を加えて混ぜ、うすく油をひいたフライパンで両面弱火で焼き、細く切ります。

きゅうりは輪切りにし、塩（分量外）をまぶし、水分が出たら絞っておきます。

じゃこはザルに入れ、熱湯をまわしかけ水気をきります。

焼きかまぼこは色紙切りにします。

米が炊けたら昆布をとり、飯台にあけ、すし酢をまわしかけて混ぜ、あおいで粗熱をとります。錦糸卵以外の具をすし飯に混ぜ、器に盛り、錦糸卵をのせ、紅しょうがを添えます。沢村さんはさらにのりも入れていたみたいです。

暑い日にもさっぱりと食べられて、作るのも簡単。日常のちらしずしですね。すし酢は梅酢入り。殺菌効果もあるので、この季節にぴったりです。沢村さんのちらしずしのバリエーションはいろいろで、煮たふきを使ったり、残り物の野菜に味付けして混ぜ込んだり……。こんなところにも、これと決めつけない自由さが感じられます。

夏の献立――④

天ぷら
（えび、いかさつまいもかきあげ、しその葉、ピーマン、人参）
玉ねぎの酢の物
（かつぶしかけ）
豆腐の味噌汁

じっと坐っているだけで、額に汗の吹きでるような真夏の夕方、うちではよくてんぷらを揚げる。／ぬるめのお風呂でサッパリ身体を洗ったあと、気軽な浴衣がけで揚げたての車えびやきすなど口にしたときのしあわせ……一日の疲れがスッととれるような気がする、と家人は機嫌がいい。（夏まけには……『わたしの台所』）

昭和 43.8.13

玉ねぎの酢の物

玉ねぎ（小）　1個
かつおぶし（削りたて）　5g
合わせ酢（混ぜておく）
酢　大さじ3
だし（または水）　大さじ3
砂糖　大さじ⅔〜1
塩　小さじ½

玉ねぎを繊維にそってスライスし、水に放ち、シャキッとしたらザルに上げ、水気をきります。器に盛り、合わせ酢を適量かけ、かつおぶしをのせます。

天ぷらに玉ねぎの酢のもの。すごく健康に気を遣った献立ですね。天ぷらを食べて油っぽくなった口がさっぱりします。

天ぷら

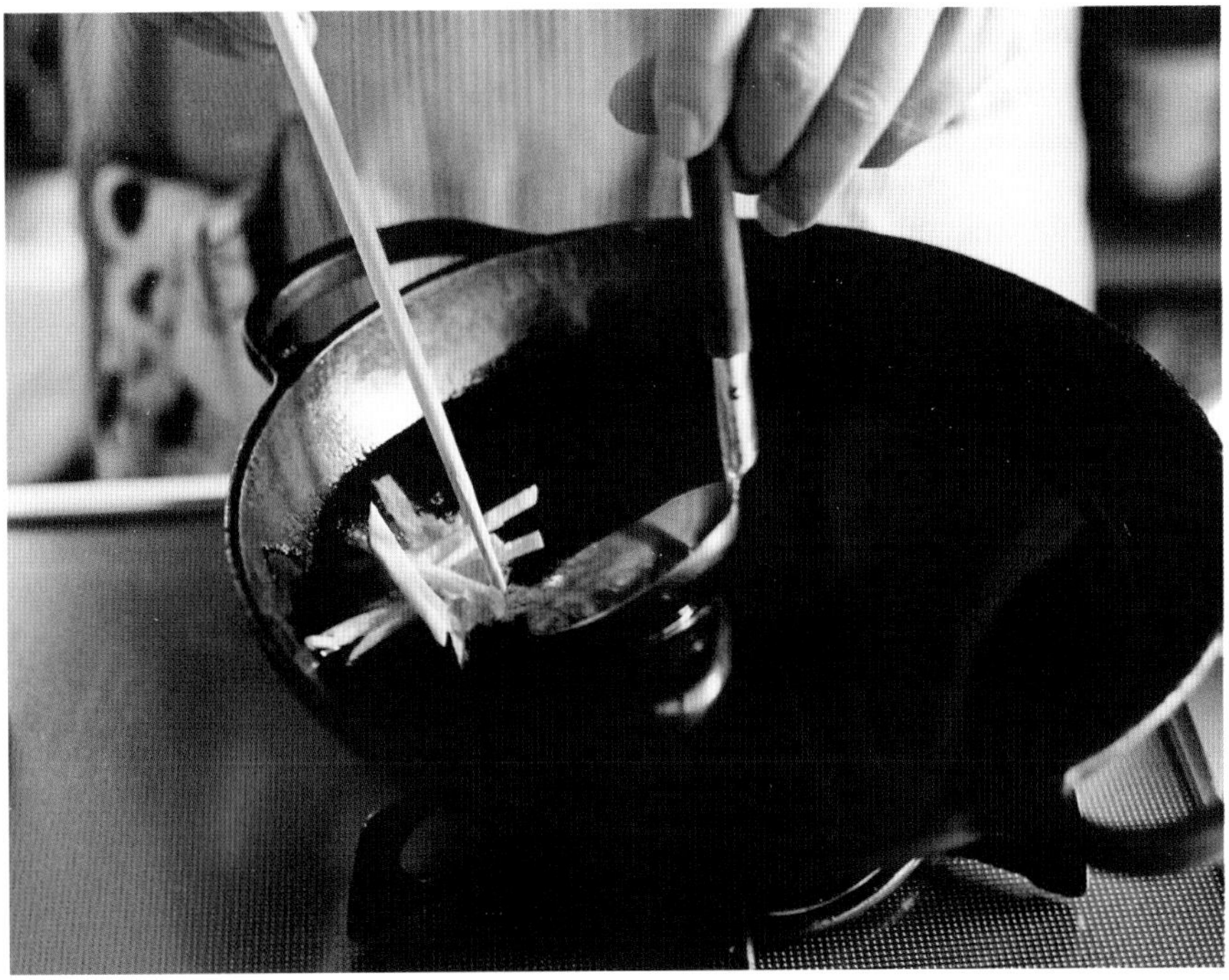

車えび　4尾
ピーマン　1個
さつまいも　6cm
大葉　4枚
かき揚げ
　にんじん　⅓本（60g）
　ごぼう　⅓本（50g）
　新しょうが　1片（10g）
衣
　卵　1個
　冷水　180～200mℓ
　薄力粉　100g
油　適量
天つゆ
　だし　150mℓ
　薄口しょうゆ　大さじ1
　みりん　大さじ1
　大根おろし　適量

天つゆを作ります。鍋にだし、薄口しょうゆ、みりんを入れてひと煮立ちしたら火を止めます。

タネの下ごしらえをします。車えびは頭と殻、背ワタをとり、腹側に3ヶ所ほど切り目を入れ、胴を背中側から指で押してすじを切ります。尾の先を少し切り、尾の中の水分を包丁でしごき出します。ピーマンは種をとりタテに4等分に、さつまいもは4等分の輪切りにします（すべてのタネが1人2つずつになるように）。にんじん、ごぼう、新しょうがは千切りにします。

衣を用意します。よく冷やした卵をボウルに割り、冷水を注ぎよく混ぜ、薄力粉をふるいながら入れ、全体を軽く混ぜます。

ピーマン、さつまいも、大葉、えびに薄力粉（分量外）をうすくまぶしてから衣をつけ、１７０℃ほどの油で揚げます（えびは１７５℃くらいでも）。かき揚げの材料を小さいボウルに入れ、薄力粉（分量外）を少々まぶしてから衣を適量入れて混ぜ、いくつかに分けて揚げます。

油をきった天ぷらを器に盛り付けて、天つゆに大根おろしを入れて召し上がれ。

献立日記ではいかとさつまいもをかき揚げにしていますが、季節の食材でちょっとアレンジしてみました。沢村さんはよく天ぷらを作っています。食材は季節によってさまざま。天ぷらは難しいものです。一言やさしくほめてくれたら、この次はもっとうまくと、面倒さも忘れてしまうと沢村さんも書いています。よくわかります。

夏の献立――⑤

あぢのマリネー
グリンピースのポタージュ
チーズと大根のクルミのサラダ
たたみいわし

春先、グリーンピースの出盛りの頃、さやごと十キロも買いこんで、皮をむいたやわらかい青豆を少量の塩をいれた水でさっとゆがき、カップ一杯ずつ、小さいビニール袋にわけて冷凍しておけば、一年近く味が変わらないから嬉しい。（冷凍庫『わたしの献立日記』）

昭和54.9.19

グリンピースのポタージュ

グリーンピース（茹でたもの・冷凍）　250g
玉ねぎ　¼個
米　大さじ1
鶏スープ（P68）　400㎖
バター　10g
牛乳　150㎖
塩　適量
白こしょう　適量
生クリーム　適量

玉ねぎをみじん切りにします。鍋にバターをひき、玉ねぎ、塩ふたつまみを入れ、しんなりするまで弱火で炒めます。グリーンピース、米、鶏スープを加えて、米がややわらかくなるまで10〜15分ふたをして弱火で煮ます。

火を止め、粗熱がとれたらミキサーにかけ、なめらかにし、鍋に戻します。牛乳も加えて、中火にかけ、塩、白こしょうで味をととのえたら、器に盛って生クリームをたらしてできあがり。

「夏にグリーンピース？」と思われるかもしれません。沢村さんは旬の春にたくさん茹でて、冷凍庫に大切にしまっていました。米でとろみを出すテクニックは昭和初期の料理本を参考にしました。コーン・ポタージュ（P45）には不要です。

チーズと大根のクルミのサラダ

大根　150g
コンテチーズ（またはハードチーズ）　80g
クルミ　適量
マヨネーズ（P44）　大さじ2
塩　少々

大根は短冊切りにしボウルに入れ、塩を混ぜ、しばらくおきます。水が少し出たらキッチンペーパーなどで水分を拭きます。短冊に切ったコンテチーズと大根を別のボウルに入れ、マヨネーズでさっと和えます。器に盛り、刻んだクルミを散らしてできあがり。

お好みで大葉を刻んでのせたり、クミンパウダーをかけたり、バルサミコ酢をかけてもおいしいです。

沢村さんがどんなチーズを使ったかまではわかりませんでした。そこで大根と同じようにうすく切れて、私が好きなコンテを使いました。

あぢのマリネー

あじ　3尾（450g）
玉ねぎ　30g
にんじん　30g
セロリ　30g
きゅうり　½本
トマト　½個
塩　適量
酢　適量
マリネ液
　オリーブオイル　大さじ3〜4
酢（またはワインビネガー）
大さじ3
レモン汁　½個分
塩　小さじ⅓
白こしょう　少々
はちみつ　少々（お好みで）

　あじは三枚おろしにして、塩（小さじ1くらい）を両面にふって10分おきます。さっと水分を拭いてからバットなどに並べ、ひたひたまで酢を加え、15〜25分おきます。

　別のバットにマリネ液の材料を合わせ、玉ねぎ、にんじん、セロリを千切りにして浸します。酢に浸していたあじの骨を抜き、皮をむき、食べやすく切り、バットのマリネ液に加えて和えます。

　器にスライサーでうすくスライスしたきゅうりをしき、マリネをのせ、一口大に切ったトマトを添えます。

　献立日記には「あぢのマリネー」とだけ。あじは生のままか、それとも粉をふって素揚げにするのか？　沢村さんはどちらだったのでしょう？　迷いましたが、新鮮なあじが手に入ったので、生で作ってみました。

夏の献立――⑥

ウナギ丼
鮭
変りお漬物
大根味噌汁

四十年あまり、手塩にかけたぬかみそは、わが家自慢の味だけれど――と言って、なんでもかでも、野菜を放りこんでおけばおいしく漬かる、というわけではない。(中略)新しいこぶりの茄子を塩で撫《な》でるように揉《も》み、一つまみのみょうばんをそっとまぶして、ぬか床の下の方に――きゅうりは浅く上の方に、小かぶはその間ぐらいのところへ漬けるのも、その日その日の温度次第。(寒暖計『わたしの献立日記』)

昭和 41.8.6

変りお漬物

ぬか床　適量
小かぶ　1個
なす　1本
ゴーヤー　¼本
きゅうり　1本
みょうが　2個
木綿豆腐　1丁
みょうばん　適量
塩　適量

漬ける前の下ごしらえをします。小かぶは半分に、なすはみょうばんをこすりつけてから半分に切ります。ゴーヤーは種とワタをとります。木綿豆腐は水切りします。

下ごしらえした野菜と、きゅうり、みょうがに軽く塩をまぶしてから、ぬか床に漬けます。木綿豆腐はくずれないように漬けた場所をしっかり覚えておいてください。

6〜8時間漬けたらとり出して水洗いし、食べやすく切り、器に盛ります。

この日の献立も簡潔で「変りお漬物」とだけ書いてありました。でも、わざわざ書くくらいです。かなり変わっていたはず。ゴーヤーと豆腐ならどうでしょう？「変わり」と言えますか、沢村さん。

私もぬか床を続けています。きっかけは、NHK連続テレビ小説「ごちそうさん」で、ヒロイン・め以子のぬか床を用意したこと。「手入れの」語源は、ぬか床をかき混ぜるところから、なんて説もあるくらい手は確かにかかります。沢村さんも温度計を気にしたり、酵母菌を活発にするためと整腸剤を混ぜたりかいがいしかったです。私はいまだに手さぐりですが放っておくのが一番よくないと思って、きゅうり1本でも漬け続けています。ぬか床も生き物。ペットを飼っていると思えば世話も楽しいものです。

ウナギ丼

ウナギの蒲焼を温め直すときは酒を少々ふり、アルミホイルに軽く包み（上は少し隙間を開けておいてください）、トースターまたは魚焼きグリルへ。タレを途中でぬって、温まったら火を止めます。
沢村さんも、たまにはお料理をしたくない気分のときもあったのでしょう。そんなときは、ウナギだったみたいです。江戸っ子ですしね。

鮭の梅和え

塩鮭（甘塩）　2切
梅干し（大）　1個（14～18g）
白いりごま　小さじ1

塩鮭を魚焼きグリルでこんがり焼きます。焼きあがったら、皮と骨を除いて粗くほぐします。

梅干しは種をとって包丁でたたきます。

ボウルで鮭、梅干し、白いりごまを和えます。

沢村さんはこの日のように「鮭」を常備菜的によく食卓に出しています。きっと焼いただけじゃない日もあったはず、と考えて、私の好きな梅干しと和えてみました。殺菌効果もありますから、持ちがよくなります。

牛タンのからし醤油（ゆでたもの）

昭和62.7.12

牛タン（皮むき済） 1本（600g）
塩 大さじ½（水1ℓに対して）
粒マスタード 大さじ1〜1と½
からし 小さじ1
しょうゆ 大さじ1
茹で汁（または酒） 大さじ1

牛タンを半分ぐらいに切ります。鍋に入れ、かぶるくらいの水、塩を加え、中火にかけます。沸騰したらアクをとり、弱火にし、牛タンがやわらかくなるまで2時間くらい煮ます（水面に出てきてしまったら水を足してください）。煮えたらそのまま冷まし、厚切りの短冊に切ります。粒マスタードとからし、しょうゆ、茹で汁をボウルに混ぜ、牛タンと和えます。

とり野菜のゴマ煮

昭和41.7.10

鶏もも肉　½枚（150g）
コンニャク　150g
にんじん　½本（100g）
ごぼう　½本（100g）
昆布　5g
水　300ml
油　小さじ1
酒　大さじ2
砂糖　大さじ½
みそ　大さじ2と½
白すりごま　大さじ4

鶏もも肉は1.5cm角に切ります。コンニャクも同じ大きさに切り、下茹でします。にんじん、ごぼうは小さめの乱切りにします。

鍋に油をひき、鶏肉以外の材料を中火で炒めます。全体に油がまわってつやっと炒まったところで、水、昆布を加え、沸騰したらアクをとります。落としぶたをしてさらに5分煮てから、鶏肉、酒、砂糖を加え、なじんだら、みそ、白すりごまを入れて火が通るまで10分ほど弱火で煮ます。

なすの油やき

昭和59.7.8

なす　3本
油　適量
かつおぶし　適量

しょうがみそ（作りやすい分量）
おろししょうが　大さじ1
みそ　大さじ2
酒　大さじ4

小鍋にみそ、酒を入れて混ぜ、弱火にかけて沸騰したら、しょうがを加えてさらに混ぜ、火を止めます。

なすをタテに3〜4等分に切り、塩を少々（分量外）まぶし、2〜3分たって水が出たら、キッチンペーパーで水分を拭きます。フライパンを熱し、油をひき、なすを並べて中火で焼きます。いい焼き目がついたらひっくり返し、裏も焼きます。なすを器に盛り、しょうがみそとかつおぶしをかけます。

ピーマンのしょう油煮

昭和57.7.4

ピーマン　4個
昆布　3g
いりこ（頭と腹ワタをとる）　4〜6尾
水　150㎖
しょうゆ　大さじ1と½
みりん　大さじ½
たかのつめ（輪切り）　適量

ピーマンは種をとり、タテに4つに切ります。小鍋に水と昆布、いりこを入れ火にかけ、沸いたら弱火にし、4〜5分煮ます。しょうゆ、みりん、たかのつめ、ピーマンを加え、さらに2〜3分煮て、ピーマンがしんなりと茶色に色づいたら火を止めます。

果物サラダ
（桃、バナナ、トマトのマヨネーズあえ）

昭和 57.8.4

桃　1個
バナナ　1本
トマト　1個

マヨネーズ（P44）　大さじ1と½〜2
はちみつ　小さじ1
塩　少々
白こしょう　少々

桃とバナナは皮をむき、少し小さめの一口大に切ります。トマトも同じ大きさに切ってください。

ボウルにマヨネーズ、はちみつ、果物、トマトを入れ、やさしくヘラで混ぜ、塩、白こしょうで味をととのえます。お好みでレモン汁も。

果物サラダも沢村さんの定番。梨、キウイ、いちごを使っているときもありました。季節ごとに変えていたんでしょう。バナナはいつも入れるようです。

きゅうりの中国ふうおひたし

昭和 54.8.5

きゅうり　2本
油あげ　1枚

タレ（混ぜておく）
しょうゆ　大さじ2
酒　大さじ1
ごま油　大さじ1
ラー油　少々

油あげはキッチンペーパーではさんで押し、しっかり油をとります。トースターなどでこげ目がつくまで焼き、細切りにします。きゅうりは斜めに薄く切ってから千切りにします。器にきゅうりを盛り、油あげをのせ、タレをまわしかけます。お好みで酢も。油あげの油抜きはキッチンペーパーを使うと、目に見えて油がとれるし、少ない枚数なら簡単です。

秋

秋の献立——①

カレーライス
（豚ヒレ、玉ねぎ、にんじん、ポテト）
（らっきょう、みそづけ）
トマトと玉ねぎ ピーマンのサラダ
チキンスープ
（食後——梨）

じゃがいも、人参、牛肉のこまぎれなど深いお鍋でゆっくり煮こみ、うどん粉でたっぷりトロ味をつけた塩味のシチュー。それにカレー粉を入れて、温かいご飯にこんもりのせれば、ライスカレー。／「場末の洋食だな」／父は、見るだけで眉をひそめていたが、私たちは、うまいうまい、と争っておかわりをしたものだった。（おふくろの味『私の浅草』暮しの手帖社）

平成元.10.1

トマトと玉ねぎ ピーマンのサラダ

トマト　1個
玉ねぎ　¼個
ピーマン　1個
ドレッシング
　酢　大さじ1
　はちみつ　小さじ1
　塩　小さじ⅓
　オリーブオイル　大さじ3
　白こしょう　少々

トマトを食べやすく切り、玉ねぎはスライスに、ピーマンは輪切りにします。すべて冷やしてください。

　ドレッシングを作ります。ボウルに酢、はちみつ、塩を入れて合わせます。さらにオリーブオイルを少しずつ加えながらホイッパーでよく混ぜてください。最後に白こしょうを加えます。

　野菜を別のボウルに入れ、ドレッシングで和え、器に盛りつけます。

チキンスープ

鶏スープ（P68）　600㎖
しめじ　½パック（50g）
三つ葉　½束
卵　1個
塩　小さじ1

しめじは石づきをとり、小房に分けます。三つ葉は2㎝の長さに切ります。

鶏スープとしめじを鍋に入れ火にかけ、沸いたら弱火にし、塩で調味します。卵を溶いてまわし入れ、三つ葉を加えたら完成です。

カレーライス

作りやすい分量
豚ヒレ肉　300g
塩（肉の下味）　小さじ¼
玉ねぎ　1個
にんじん　1本
じゃがいも　2個
鶏スープ（P68）　1ℓ
ローリエ　1枚
油　適量
ケチャップ　大さじ1
しょうゆ　小さじ1
ガラムマサラ　大さじ½〜1
ルウ
　玉ねぎ　1個
　トマト　1個
　にんにく　1片
　しょうが　1片
　オリーブオイル　大さじ3
　バター　大さじ3
　塩　ひとつまみ
　はちみつ　大さじ½
　薄力粉　大さじ4〜5
　カレー粉　大さじ3
ご飯　適量

豚ヒレ肉を一口大に切り、塩をまぶします。玉ねぎはくし形に、にんじんとじゃがいもは皮をむいて一口大に切ります。

ルウを作ります。玉ねぎは薄切りに、トマトはすりおろし、にんにくとしょうがはみじん切りにします。フライパンにオリーブオイルとバター、塩を入れ、玉ねぎを中火で炒め、水分が少なくなったらはちみつを加え、飴色になるまで炒めます。にんにく、しょうがを加え、香りが立ったら薄力粉とカレー粉も加えます。野菜と粉が一体になるまで2〜3分炒め、トマトと鶏スープをお玉2杯分入れてのばしてください。

鍋に油をひき、豚肉、玉ねぎ、にんじんを中火で炒め、残りの鶏スープ、ローリエを加えて沸騰したらアクをとります。5分ほど煮たらじゃがいもを加えてさらに10分煮ます。じゃがいもに火が通ったら、ルウとケチャップを加え5分ほど煮て、全体がなじんだら、しょうゆ、必要なら塩（分量外）で味をととのえ、ガラムマサラを加えて、お好みの辛さに調節し火を止めます。

NHK連続テレビ小説「ごちそうさん」の仕事で、め以子の作るカレーを考案したことがあります。沢村さんもあんなふうに、カレー粉と小麦粉で作っていたかな？　肉はやっぱりヒレ？　ガラムマサラで見た目よりスパイシーですよ。

カレー炒め

カレー　200g
小松菜　100g
しめじ　½パック（50g）
厚あげ　½枚
ごま油　大さじ½
オイスターソース　大さじ½
しょうゆ　少々

これは番外編。献立日記にはなかったけれど、2人暮らしならカレーが余ることもあったかな、と利用法を考えました。具をごま油で炒めて、オイスターソースで味付けし、カレーも加えます。仕上げにしょうゆをひとたらし。きのこの炒め物や、野菜炒めにカレーを入れてもおいしいです。

秋の献立──②

栗赤飯
里芋、とりの照煮
茄子のしぎ焼　ゆずみそかけ
なめこ、豆ふの味噌汁

私の母は子供たちが何か捨てようとするたびに、眉をひそめてよく言った。／「ちょいとお待ち、それ、まだ使えるよ、もったいないことするんじゃない」／食べものには、ことにうるさかった。お櫃《ひつ》のまわりにこびりついた、幾らかのご飯粒を洗い流そうとして、手の甲をピシャリと叩かれたことがあった。（中略）いつもやさしい母が、そのときだけはきびしい眼をしたものだった。（もったいない病『わたしの台所』）

昭和43.9.22

里芋、とりの照煮

里芋（大）　6個
鶏もも肉　1枚（300g）
油　小さじ1
しょうゆ　大さじ2
みりん　大さじ2
砂糖　大さじ½〜1
だし　350mℓ

里芋は皮をむき、半分に切ります。鶏もも肉は一口大に切ります。

小ぶりの鍋を中火にかけ油をひき、鶏肉の表面を皮目から焼きます。しょうゆを半分残し、調味料をすべて入れ、絡めながら炒め、だしを加えてひと煮立ちしたら、鶏肉をとり出します。煮汁に里芋を入れ、落としぶたをして、弱めの中火で15分ほど煮ます。里いもに火が通ったら残りのしょうゆを入れ、鶏肉を戻し、さらに5〜8分煮ます。火を止め、ふたをして蒸らしたら完成。

茄子のしぎ焼 ゆずみそかけ

なす　2本
油　適量
ゆずみそ（作りやすい分量）
みそ　150g
砂糖　大さじ3〜4
みりん　大さじ3
ゆずの果汁　大さじ½〜1
ゆずの皮（すりおろす）　1個分（3g）

ゆずみそを作ります。鍋にみそ、砂糖、みりんと、ゆずの果汁を半量入れて弱火にかけよく混ぜます。ほどよいとろみになったら（持ち上げるとタラっと流れるくらい。冷めると固まります）、火を止め、すりおろしたゆずの皮と残りの果汁を加えて混ぜます。

なすは1cm厚の輪切りにし、「なすの油やき（P91）」を参考に焼いてください。

なすを器に盛り、ゆずみそをかけます。

栗赤飯

作りやすい分量
小豆　75g
栗　25粒
もち米　3カップ
塩　小さじ1
ごま塩　適量

小豆を茹でます。さっと洗い、鍋に入れ、水をひたひたまで加え、火にかけます。沸騰したら3分茹でてザルに上げ、水気をきります。改めて鍋に小豆と水（1400㎖）を入れて約20分、固さをみながら弱火で茹でます。6割方火が通ったら火を止めます。茹で汁につけたまま粗熱をとり、小豆を分けます。茹で汁は捨てないように！

栗は水に1時間以上つけます。おしりのつやのないところを切り落とし、手で鬼皮をむき、さらに包丁で渋皮をむき、水に2～3時間つけてアク抜きをします。

もち米を洗い、3時間ほど小豆の茹で汁（800㎖）につけておきます（別に茹で汁をあと150㎖とっておいてください）。

もち米をザルに上げ、水気をきり、蒸し布で包み、湯気の上がった蒸し器に入れます。このとき、中央をくぼませてください。火加減は、密閉性の高いステンレスなどの蒸し器なら中～強火の間、木製のセイロなら強火で大丈夫です。蒸している途中で上下を一度返してください（前ページ上写真）。20分たったら、ボウルにもち米をあけて、残しておいた茹で汁に塩を溶いたものをかけて混ぜ、茹で小豆と栗も加えてさらに混ぜます。蒸し布に包みなおしたら、湯気の上がった蒸し器に戻し、中央をくぼませ、20分ほど蒸します。米が硬ければ打ち水（分量外）をしてさらに2～3分蒸します。

今は電気炊飯器でお赤飯も炊けますが、ちゃんと蒸して作るお赤飯は、手間と時間がかかるけど、その分おいしいものですね。

秋の献立――③

茄子のはさみあげ
（とり肉）
里芋コンニャクゆずみそかけ
いかのたらこ和へ
（レモンそえ）
豆腐なめこの味噌汁

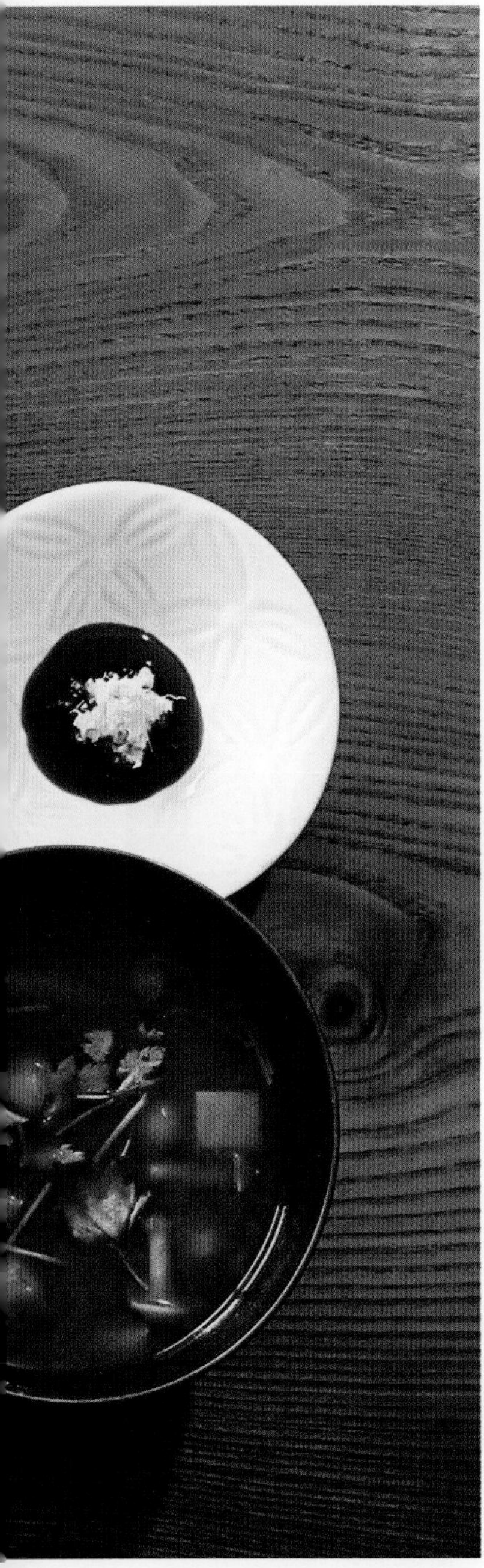

「料理には愛情が第一」／と、つくづく私が知ったのは、刑務所暮らしのせいである。どんなご馳走も、毎日、機械的に同じものを出されては、胃も舌もうけつけない。食物の温度がどんなに大事なものかもわかった。暑いときは冷たいものを冷たく、寒いときは暖かいものを暖かく――食べる人の気持ちにあわせて料理する。〈もし、ここから出て、料理をするときがあったら、食べた人がほんとうに喜ぶように、おいしく料理をしよう。（蚊がすりの壁『貝のうた』河出文庫）

昭和 43.11.10

茄子のはさみあげ

なす　6本
タネ
　鶏ひき肉　200g
　卵　1個
　塩　小さじ1
　しょうゆ　小さじ½
　こしょう　少々
片栗粉　少々
油　適量
おろししょうが　適量
しょうゆ　適量

なすを、ヘタのところは切らずに、タテ半分に切り、中身をスプーンでくり抜きます（下写真）。とり出した身は粗く刻みます。

タネを作ります。鶏ひき肉に塩、しょうゆ、こしょうを加えて混ぜ、溶いた卵、刻んだなすを加えてさらに混ぜます。

くり抜いたなすの内側に片栗粉をうすくまぶし、タネを6つにざっと分け、詰めます。タネが多量ですが、思い切り詰め込んでも心配ないです。なすが広がらないよう最後に爪楊枝でとめます。165℃くらいの油で、タネに火が通るまで約7分揚げます。油をきり、食べやすく切って器に盛り、おろししょうがとしょうゆを添えます。

揚げているのに、しょうがじょうゆなら意外にさっぱりして、驚きますよ。

いかのたらこ和へ

いか(胴。刺身用) 80g
たらこ(中身) 大さじ1
酒 小さじ1
ごま油 少々
小ねぎ 適量
レモン 少々
一味 適宜

いかは皮をむいてひらき、細切りにします。ボウルにたらこの中身、酒、ごま油を入れ、いかを加えて和えます。

器に盛り、小口切りにした小ねぎを散らし、レモンを添えます。一味をかけてもおいしいです。

お酒のお供にぴったりの一品。沢村さんも旦那さんも晩酌の習慣はなかったようですが、たまには乾杯していたのでしょうか。

里芋コンニャクゆずみそかけ

里芋(大) 4個
コンニャク ½枚
だし 500㎖
塩 小さじ1
ゆずみそ(P103) 適量

里芋の皮をむき、一口大に切ります。コンニャクは両面に格子状に切り目を入れてから食べやすい大きさに切ります。

小鍋にだしと塩を入れて中火にかけ、里芋、コンニャクを加えます。沸騰したら弱火にし、里芋がやわらかくなるまで15~20分煮ます。

器に盛り、ゆずみそをかけて完成です。

秋の献立——④

さんまの塩焼
かぼちゃとあづきのいと子煮
かまぼこ
油揚とわかめの味噌汁

うちではいつも、本に載っている味つけの分量より、砂糖をすくなくしている。私の夫は下戸《げこ》で甘いお菓子に目がないくせに、煮ものの甘ったるさを好まないからである。（お師匠さん『わたしの台所』）

昭和 44.9.18

さんまの塩焼

さんま　2尾
塩　少々
大根おろし　½カップ
すだち　1個

さんまはきれいに洗って水分を拭き、塩を均一にふります。魚焼きグリルでいい焼色になるまで焼いてください。

器に焼きたてのさんまをのせ、軽く水気をきった大根おろしと、半分に切ったすだちを添えます。

さんまの旬が来たら、まずはシンプルに塩焼きですよね。私なら、はじめはそのまま。それから大根おろしにしょうゆを少したらして一緒に。それからすだちを搾って……と一尾をいろいろ楽しみます。

かぼちゃとあづきのいと子煮

作りやすい分量
かぼちゃ　500g
茹で小豆（無糖）　150g
梅干し　1個
昆布　3g
水　300〜350㎖
砂糖　大さじ1と½〜2

水に昆布を浸しておきます。

かぼちゃは種をとり、皮の汚れたところを削ぎおとし、食べやすい大きさに切ります。

茹で小豆は、市販品を使うか、栗赤飯のレシピ（P104）を参照して茹でてください（乾物なら60g）。赤飯では、6割の茹で加減ですが、いとこ煮では完全に火を通します。

鍋にかぼちゃを並べ、2つにちぎった梅干し、昆布を浸した水ごと入れて弱めの中火にかけます。

沸いたら昆布をとり出し、落としぶたをして3〜4分煮て、小豆と砂糖を加え、約10分煮ます。火が通って汁が少し残っている状態で火を止めなじませます。

秋と言っても、まだまだ暑いときもあるので、私の好きな梅干しを入れて、保存性を高めてみました。

秋の献立——⑤

たきこみごはん
（とり、ごぼう、しめじ、油あげ、ぎんなん）
ふきかめ
ほうれん草のピーナッツバタあえ
おとうふのあんかけ
（ゆず）

真冬のあいだは、休んでいるのだろうか——暖かくなると、きまって毎年ふき豆屋さんが来る。つるつる頭のおじいさんは、細く、すきとおるような疳《かん》声《ごえ》で、／「ふきまめや——ふぃ——」／この人のかついでくる桶は、いつもきれいに洗いあげられ、たががピカピカ光っていた。（物売り『私の浅草』）

昭和58.11.15

おとうふのあんかけ

絹ごし豆腐　1丁
えび(殻付き)　80g
ゆずの皮　適量
水　250ml
鶏ガラスープの素(顆粒)　大さじ½
塩　小さじ½
酒　大さじ2
片栗粉　大さじ1

えびは殻と背ワタをとり、細かく刻みます。ゆずの皮は千切りにします。

鍋に水を入れて沸かし、鶏ガラスープの素、塩を入れます。絹ごし豆腐を8〜10等分に切りながら加え、7〜8分静かに煮ます。豆腐だけすくって器に盛り、ラップなどをかけて、保温しておいてください。

その間に、あんを作ります。残った煮汁を中火にかけ、酒、えびを入れます。えびに火が通ったら、倍量の水(分量外)で溶いた片栗粉を加え、とろみをつけます。

豆腐の上からあんをかけ、ゆず皮をのせたら完成です。

具は鶏肉でもいいです。この日の献立だと、炊き込みご飯で鶏肉を使っていたので、えびにしてみました。細かく切ったえびのうすいピンク色が白い豆腐に映えますね。

ほうれん草のピーナッツバタあえ

沢村さんの定番料理のひとつ「ピーナッツバタあえ」。さや（P52）やほうれん草だけじゃなく、小松菜、三つ葉（根三つ葉も）、かぶの葉、いろんな食材を使っています。ときには、かまぼこも一緒に和えたり、「白ぶどう酒」を入れたりとバリエーションも。「中国ふう冷やしそば」という献立のわきにピーナッツバターとのメモも見つけました。タレでしょうか？　ピーナッツバターは重要な調味料のひとつだったよう。ピーナッツと砂糖だけのものがおすすめです。

ふきかめ

沢村さんが献立日記をつけていたノートを見ると、この日と同じ見開きの11月10日の欄に「ふきまめ」と見つけました。「ふきまめ（ふうきまめ、富貴豆）」の書き損じかな？

たきこみごはん

作りやすい分量
米　3合
きのこ（しめじ½パック、しいたけ4枚）　100g
ごぼう　½本（70g）
油あげ　1枚
鶏もも肉　½枚（150g）
むき銀杏　15粒
だし　500㎖
酒　大さじ2
しょうゆ　大さじ1と½
みりん　大さじ½
塩　小さじ1〜1と½

米を洗いしっかり浸水し、ザルに上げます。

　しめじは石づきをとり、小房に分け、しいたけも石づきをとりスライスし、ごぼうはささがきにします。油あげはキッチンペーパーではさんで押し、しっかり油をとり、1㎝幅に切ってから、3㎜ほどに細かく刻みます。鶏もも肉は1㎝角に切り、しょうゆ小さじ½（分量外）をまぶします。

　お釜に米、だしの半量、調味料を入れ、ひと混ぜし、残りのだしも加えて混ぜます（水加減は白米と同じ）。米の上に、鶏肉、ごぼう、きのこ、油あげ、むき銀杏の順にのせて炊きます（だしが出そうな食材を下にします）。調味料を入れたらすぐ炊かないと米に芯が残ります。

　銀杏やきのこで、茶碗の中は秋です。まいたけもいいですよ。沢村さんは炊き込みご飯のバリエーションもいろいろ。「とり肉、にんじん、青豆、ごぼう、糸こんにゃく（昭和60・4.10）」みたいな五目ご飯もよく作っています。松茸と油あげで、月に何度も！　なんていうときも。

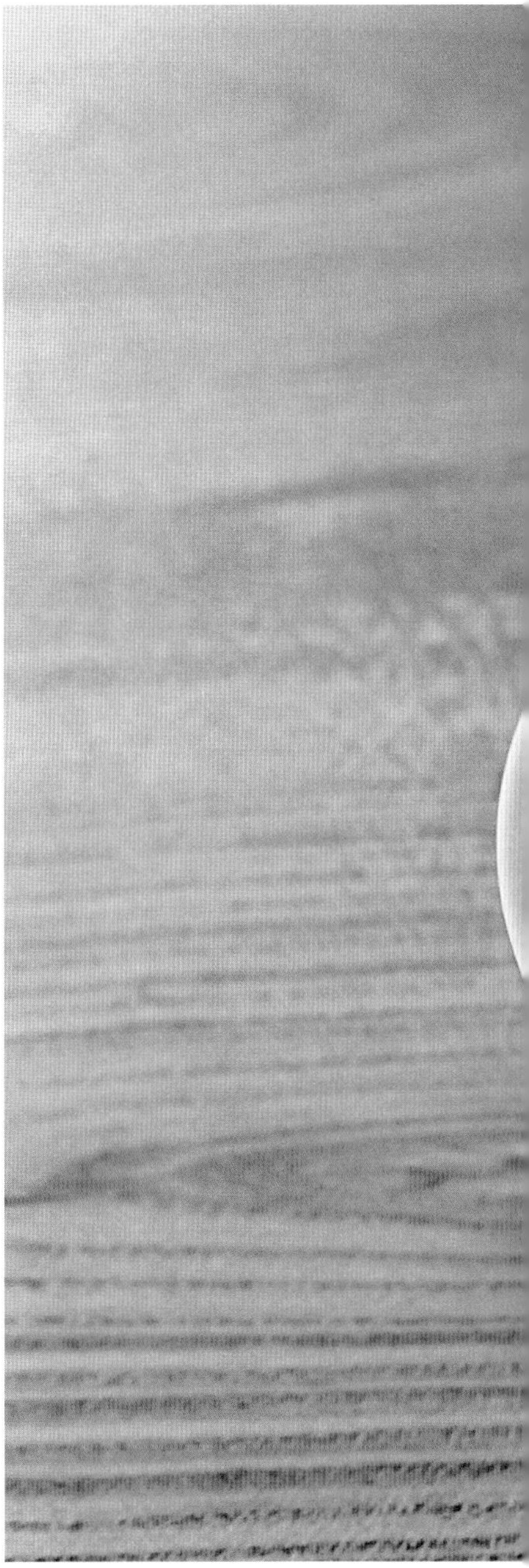

秋の献立——⑥

ひらめのパピヨット
（つつみ焼）
かまぼこ
ほうれん草のおしたし
みょうが揚の味噌汁

うちの台所の戸棚には、料理の本が二十何冊か並んでいる。（中略）毎日なんとか目先きの変った料理をこしらえたいと思っているけれど、和風、洋風、中華風——星の数ほどあるというのに、材料、手順から味つけの分量まですべて暗記するのはむずかしい。私は生れつきそそっかしくて、かなり手慣れたはずのものでも、どこかしら思いちがいをしていたりする。／だから料理にかかる前に、かならずそのページをひらくことにしている。（お師匠さん『わたしの台所』）

昭和 43.10.8

ひらめのパピヨット

2つ分
ひらめ　2切
にんじん　⅓本
紫玉ねぎ　¼個
マッシュルーム　4個
トマト　¼個
にんにく　½片
ベーコン　1枚
イタリアンパセリ　適量
タイム　適量
バター　15g
塩　少々
白こしょう　少々
小麦粉　少々
白ワイン　大さじ2
アルミホイル　適量

ひらめに塩、白こしょうをふり、小麦粉をまぶします。にんじんは千切りに、紫玉ねぎとマッシュルーム、トマトは5㎜厚、にんにくは2㎜厚のスライスに、ベーコンは2㎝の長さに切ります。イタリアンパセリは刻んでください。

フライパンを中火にかけバター（5g）を熱し、にんにく、にんじん、マッシュルーム、玉ねぎ、ベーコンを炒め、香りが立って少ししんなりしたらバットにとり出します。同じフライパンに再びバター（5g）を熱し、ひらめの表面に両面とも焼き目を付けます。

アルミホイルを2枚用意して、それぞれに、さきほど炒めた具材、ひらめ、さらに具材、トマト、タイム、イタリアンパセリ、残りのバターを順にのせて包み、魚焼きグリル（両面焼き）で7～8分焼きます（片面焼きやトースターの場合は12～13分かかります）。

ひらめにフライパンで焼き目を付けることで、うまみがしっかりして、バターのコクも加わります。包み焼きにすると、仕上がりがふっくら。タラやすずきでもおいしいです。パピヨットは本来「紙包み」ですが、アルミホイルなら手軽に作れます。

ほうれん草のおしたし

ほうれん草　½束
だし　90㎖
薄口しょうゆ　小さじ2
白すりごま　適量

ほうれん草は根の部分に切り込みを入れて茹で、水にとり、根をそろえて束ねて絞り（絞りすぎない）食べやすく切ります。

だしに薄口しょうゆを合わせてほうれん草を浸します。食べるときに軽く汁気をきり、白すりごまを散らしてください。

かまぼこ

これは、献立日記にしばしば出てくる「やきとおし」です。京阪神地方の特産で、蒸さずにあぶり焼いただけの板付きかまぼこのこと。かまぼこの原型とも考えられているそうです。京都出身の夫・大橋恭彦さんのための一皿だったのでしょうか。焼き目が歯ごたえがあっておいしいです。わさび漬けを添えました。

かつおの煮つけ（しょうが）

昭和50.11.6

かつお　200g
しょうが　1片
昆布だし　200㎖
酒　100㎖
みりん　大さじ3
砂糖　大さじ½
しょうゆ　大さじ3
塩　小さじ½

かつおは一口大に切り、しょうがはスライスします。

鍋に昆布だし、酒、しょうがを入れて火にかけ、かつおも入れて沸騰したら、みりんと砂糖を加えます。砂糖が溶けたら、さらにしょうゆ、塩を加えてアクをとり、弱火で3〜4分煮ます。

かつおをとり出し、ラップなどをかけて保温しておいてください。その間に煮汁を中火で⅔くらいになるまで煮つめ、火を止めて粗熱がとれたらかつおを戻し浸します。

かんぴょうとあつあげのうす味煮

昭和53.9.22

かんぴょう　30g
厚あげ　1枚
生しいたけ　3枚
煮干しだし　500㎖
みりん　大さじ2
薄口しょうゆ　大さじ2

かんぴょうをもどします。水で洗い、水に2～3分浸してから、塩もみし（塩は分量外）、さらに水洗いし、10分ほど水に浸します。もどし終えたら5㎝の長さに切ります。

厚あげは油抜きし、食べやすい大きさに切ります。生しいたけは石づきをとり厚めのスライスに。

煮干しだし、かんぴょう、厚あげ、しいたけを鍋に入れ中火にかけます。沸騰したら弱火にし、落としぶたをして5分煮てからみりんを入れ、なじんだら、薄口しょうゆを加え、さらに10分ほど煮ます。

乾物は沢村さんの献立でよく使われています。もどすのに時間がかかりますが、ゆっくりしたい休みの日に使ってみてはどうでしょう？　このレシピでは生を使いましたが、干ししいたけを使ってもいいです。

厚あげは油あげにしてもよく染みておいしいです。

大根のかす汁

昭和 41.10.5

豚バラスライス（または肩ロース）　120g
大根　200g
ごぼう　50g
コンニャク　100g
油あげ　1枚
だし　1.2ℓ
酒かす　100g
みそ　大さじ3と½〜4
青ねぎ　適量

豚バラスライスは3㎝の長さに、大根、コンニャク、油抜きした油あげは短冊に切り、ごぼうはささがきにします。

だしを火にかけ、大根、ごぼう、コンニャク、油あげを入れ、沸いてきたら豚肉も入れてアクをとり弱火にします。煮汁を少しとり出して酒かすをよく溶き、みその半量と一緒に加えてさらに煮ます。具材がやわらかくなったら残りのみそを加えて火を止めます。

器に盛り、斜め薄切りにした青ねぎをのせます。一味や山椒粉をかけてもおいしいです。沢村さんは冬に「牛肉、さつまいも」のかす汁も作っていました（昭和45.2.3）。

牛肉となすの煮こみ

平成 2.9.9

なす　3〜4本
牛薄切り肉　200g
片栗粉　小さじ½
煮汁
だし　400㎖
酒　大さじ3
しょうゆ　大さじ3
砂糖　大さじ1

なすは皮に細かく切り込みを入れ、一口大に切り水に浸します。牛薄切り肉に片栗粉をまぶします。

鍋に煮汁を入れて火にかけ、沸騰したら牛肉を入れ、再び沸いたらアクをとり、牛肉をとり出します。煮汁になすを入れ、落としぶたをし、沸いたら弱火にし、火が通るまで煮て、牛肉を戻してひと煮立ちさせます。実山椒の水煮などを加えてもおいしいです。

すずきののりずあえ（スダチ）

昭和 51.10.8

すずき　½さく
やきのり　½枚
すだち　適量
合わせ酢（混ぜておく）
酢　大さじ1と½
酒　大さじ1と½
砂糖　小さじ1
しょうゆ　小さじ1
わさび　適量

すずきを霜降り（P34）にし、水気をきってそぎ切りにします。合わせ酢の半量にすずきを5分ほど浸してからとり出し、水分をきります。すずきを、改めて残りの合わせ酢と、ちぎったやきのりと和え、器に盛り、わさびとすだちを添えます

冬

冬の献立——①

大正えびのフライ
（さや、にんじん、ポテト）（恭）
かますのフライ
（貞）
うに
たたみいわし
みそ汁
（大根千六本）

長い間、夫婦が同じ顔でいつも向き合って食べていて、その上いつも同じお料理じゃ、嫌になっちゃうでしょう。まさか、そうそう連れ合いをかえるのも無理な話だけど、でもお料理なら、いろいろ変えることができます。ちょっとずつでも変化をつけなければね。（料理に変化をつける『わたしのおせっかい談義』光文社文庫）

昭和52.12.25

大正えびのフライ／かますのフライ

えび（殻付き）　4尾
かます　1尾
塩　適量
こしょう　適量
薄力粉　適量
卵　1個
生パン粉　適量
油　適量
つけあわせ
　じゃがいも　1個
　にんじん　⅓本
　きぬさや　10枚
　塩　適量

えびは尾を残して殻をむき、背ワタをとり、腹側に3ヶ所ほど切り目を入れます。尾の先を少し切り、尾の中の水分を包丁でしごき出します。かますは三枚におろし、半分の長さに切ります。それぞれ塩、こしょうをふり下味をつけてください。

衣を付けます。まず、薄力粉をうすく付け、溶き卵にくぐらせ、バットにしきつめた生パン粉へ。具の上にパン粉をたっぷりのせ、しっかり押さえてください。かますは竹串を使うと作業しやすいです（写真）。

衣を付けたら、約170℃の油に、静かに入れます。しばらくそのまま揚げ（1分半～2分）、きつね色になったらとり出し、油をきります。

つけあわせは、じゃがいも、にんじん、きぬさやを、それぞれ塩茹でしてください。

えびは、天ぷらならまっすぐ、フライならちょっと曲がるくらいに仕上げるとおいしそうですよ。献立日記にある（恭）は夫の恭彦さん、（貞）は貞子さんですね。わざわざ自分だけ「かます」を選んでいる意思を私は感じます。

タルタルソース

マヨネーズ（P44）　大さじ6
具（すべてみじん切り）
　玉ねぎ　大さじ2
　きゅうりの古漬け（またはピクルス）　40g
　茹で卵　1個
　パセリ　大さじ1
レモン汁　適量
塩　適量
こしょう　適量
砂糖　ひとつまみ

玉ねぎのみじん切りは水にさらし、辛みがとれたら布巾などで包み、固く絞ります。すべての具をマヨネーズと合わせ、味をみて、レモン汁、塩、こしょう、砂糖で味をととのえてください。

冬の献立――②

鯛のあらだき
湯どうふ
さつま芋の甘煮
おみおつけ
(こまつな)

私が子供のころ、隣家の若いおかみさんが、嫁に来たばかりでつづけて年子《としご》を産んだ。毎日のように、二人の赤ん坊が泣くのでイライラしてヒステリックな大声をあげていた。そんな声をききつけると、母は何をおいても庭づたいに飛んで行った。(中略)手早く子供たちをあやし、ついでに台所で焦げついてしまっている里芋の鍋をおろして、/「しようがないね、今夜は湯豆腐にでもするんだね」/と、他人さまの家のおかずまで指図《さしず》していた。(おせっかいの反省『わたしの茶の間』光文社文庫)

昭和62.12.17

鯛のあらだき

鯛のアラ　500g
ごぼう　½本
昆布　5g
水　200㎖
酒　100㎖
みりん　大さじ3
しょうゆ　大さじ2と½～3

鯛のアラは食べやすい大きさに切り、塩(分量外)を軽くふって10分ほどおきます。その後、しっかり水で洗い、霜降り(P34)にし、さらに水で洗い流しながらウロコや血をとりのぞいてください(新鮮なら霜降りは省いてもいいです)。

ごぼうは5㎝の長さに切り、太さによってタテに半分か4等分に切りそろえてください。

鍋に下処理した鯛を並べ、水、酒、昆布を入れて、中火にかけます。沸騰したらアクをとり、ごぼうを入れ、落としぶたをします。2～3分煮たらみりんを加えます(甘めが好みなら砂糖も大さじ½加えてください)。なじんだら、しょうゆも加え、さらに4～5分煮ます。落としぶたをとり、煮汁を鯛にかけながら、4～5分煮て火を止め、落としぶたを戻して少しなじませます。

湯どうふ

豆腐　1丁
昆布　20g
水　1ℓ
塩　小さじ1
タレ
　長ねぎ　½本
　かつおぶし　8g
　酒　大さじ2
　みりん　大さじ2
　しょうゆ　大さじ3

水に昆布を浸しておきます。

　タレをつくります。蕎麦猪口などに、小口切りにした長ねぎと、かつおぶしを入れます。小鍋に酒、みりんを入れて火にかけ、沸いたら火を止め、しょうゆを入れ、蕎麦猪口に注ぎます。

　土鍋の中央に、タレの入った蕎麦猪口を置きます。昆布を浸しておいた水を昆布ごと鍋に入れ、塩も加えて混ぜ、食べやすく切った豆腐を入れて中火にかけます。

　豆腐が温まったら、器にとり、タレをかけて召し上がれ。

　鍋に塩を入れるのが、豆腐をなめらかにするコツ。蕎麦猪口のねぎに、煙がでるほど熱した油をかけてからタレを作ると、もりもり元気が出るおかずになりますよ。

冬のおやつ

ドーナッツ（手製）

私の献立日記には朝食、夕食のほかにおやつの欄がある。昼食の代りに、ちょっとかるいものをとるのが、十年来の習慣になっている。／和菓子に緑茶、ケーキに紅茶など、毎日なんとか目先きを変えるようにしているが、私の手づくりも案外評判がいい。少々見場《みば》は悪いけれど、出来たてという強みがある。（大学芋のすすめ『わたしの台所』）

昭和60.12.8

ドーナッツ

14~16個分
強力粉　270g
薄力粉　30g
きび砂糖　30g
インスタントドライイースト　6g
塩　5g
牛乳　180mℓ
はちみつ　大さじ½
卵黄　1個(20g)
バター(無塩、常温でやわらかくする)　30g
揚げ油　適量
シナモンシュガー(混ぜておく)
　砂糖　適量
　シナモン(パウダー)　適量
　カルダモン(パウダー)　適量

ボウルに強力粉、薄力粉、きび砂糖、インスタントドライイースト、塩を入れ、ホイッパーで混ぜてダマをなくしてください。

別のボウルで、40℃ほどに温めた牛乳、はちみつ、卵黄をよく混ぜます。粉類のボウルに加え、粉っぽさがなくなるまでゴムベラなどで混ぜます。

テーブルなど作業台に打ち粉(分量外)をし、ボウルから生地を出して表面がなめらかになるまで5分ほど捏ねます。

生地にバターを加え、さらに5分捏ねます。全体になじんだら、台に叩きつけるように7~10分捏ねます。端を持ち生地が伸びるように振り落としてください。伸びすぎたら、折りたたむようにまとめ、を繰り返します。

生地を丸く成形し、ボウルに戻し乾燥しないように濡れ布巾やラップをかぶせ、生地が2倍になるまで45分~1時間発酵させます。室温が低く、発酵が遅いときはぬるま湯を入れたボウルを下に重ねます。指を刺しても生地が戻ってこなければ、充分膨らんでいます(右下写真)。空気を抜き、14~16等分にして丸め、10分休ませます。

生地の真ん中に指で穴をあけドーナッツ型に成形し、バットに並べて濡れ布巾とラップをかけ、暖かいところで約30分、二次発酵させます。室温が低ければ熱湯を入れたコップをバットに置いて熱と湿気を与えてください(次ページ写真)。

約160℃の油で揚げます。生地を入れ、1分半たったらひっくり返し、さらに1~1分半揚げます。両面がきつね色になるまでときどきひっくり返して揚げたら、油をよくきります。熱いうちにシナモンシュガーをまぶしてできあがり。

冬の献立――③

魚すき
（まぐろ、いか、きす、めごち、ほうれん草、ねぎ、白菜、生麩、かまぼこ、ぎんなん）
たらこのやきもの
うずら豆の甘煮

「ヘエーうちはまったく口運《くちうん》がいいねえ……」／「そうよ、ほんとに口運がいいのよ、私たち……ついてるのね」／思いがけず、美味しいものが手にはいったりするたびに、私と夫はそう言いながらニッコリする。／口運――つまり、食べものについての運。どの辞書にものっていないような俗語だけれど、食いしんぼうにとっては何よりうれしい言葉である。（中略）ありがたいことに、わが家はどうやらついている。
（食べもの雑記『老いの楽しみ』ちくま文庫）

昭和61.2.19

魚すき

魚介（まぐろ赤身、きす、穴子、ほうぼう、いかなど）　600g
ほうれん草　½束
白菜　2枚
生麩　1パック
かまぼこ　½本（50g）
むき銀杏　10粒
酒　少々
煮汁
　だし　1ℓ
　酒　100～150㎖
　薄口しょうゆ　大さじ3
　みりん　大さじ2～4
　塩　小さじ½～⅔
タレ
　大根おろし　適量
　卵黄　2個
　かぼす（またはすだち）　適量
薬味
　ゆずこしょう　適量
　山椒粉　適量
　青ねぎ（小口切り）　適量

　具材を用意します。魚介は食べやすい大きさに切り、皿に並べ、酒をまぶします。ほうれん草は半分の長さに、白菜の葉はざく切りに、芯は細く切ります。生麩、かまぼこは1㎝厚に切ってください。

　鍋に煮汁の材料を入れて火にかけ、沸いたら弱火にしてください。

　これで鍋の準備が完了です。具材をさっと煮て、そのまま煮汁と薬味で食べたり、大根おろしに卵黄とかぼすを合わせたタレ（P142～143写真）を絡めたり……。

　昭和初期～中期の料理本を参考にしました。魚は献立日記から少しアレンジ。鯛、あじ、はも、かます、あんこうなどもおすすめです。

うずら豆の甘煮

作りやすい分量
うずら豆（乾燥）　300g
砂糖　200g
しょうゆ　小さじ2

うずら豆を3～4倍の水に浸し、一晩おきます。浸した水ごと鍋に移し、中火にかけ、沸騰したらアクをとります。弱火で静かに沸騰させたまま、豆の上約2㎝の水位を水を加えながら保ち1時間ほど煮ます。やわらかくなったら、豆が水面から少し出るくらい残して煮汁をすて、砂糖を3回に分けて加えながら15～20分煮ます。しょうゆを加えて混ぜ、火を止めます。

たらこのやきもの

右の写真のように半生に仕上げるには、魚焼き網かグリルの強火でころがしながら、表面を香ばしく焼きます。

冬の献立――④

おかゆ
まぐろの山かけ
ほうれん草のうす味煮
生麩の佃煮
（食後――柿）

あなたが、なんとなく身体の工合が悪いと言えば、おいしい白米をトロトロと、ゆっくり煮込んだおかゆに、ひらめのうすづくり、とりのたたきを、ほんのすこし入れた、おとうふの煮こみなどと、頭をひねった献立日記も……あなたが逝ってしまうまでのこと。（中略）献立などというのは、やっぱり、喜んでくれる人がいなければ、考えられるものではありませんよね。（女優の仕事と献立日記『老いの道づれ 二人で歩いた五十年』ちくま文庫）

平成元.12.8

まぐろの山かけ

まぐろ　150g
長芋　100g
もみのり　適量

タレ（混ぜておく）
しょうゆ　大さじ1と½
酒　大さじ1
みりん　大さじ½
わさび　適宜

まぐろを一口大に切り、タレに5〜10分ほど浸します。お好みでわさびも入れてください。

長芋は皮をむいてすりおろします。

器にまぐろを盛り、長芋をかけ、もみのりを散らします。

長芋に塩を加えたり、しょうゆをかけたり、わさびをからしや一味にしてもおいしいです。

ほうれん草のうす味煮

ほうれん草　½束
煮汁
だし　150mℓ
みりん　大さじ½
塩　小さじ½
しょうゆ　ひとたらし

ほうれん草を茹で、水にとり、水気を絞って食べやすく切ります。ぜひ根元も捨てずに使ってください。よく洗って十字に切り込みを入れてから茹でると、強い甘みとしっかりした食感でおいしいです。

小鍋に煮汁を入れて、ほうれん草をさっと煮たら完成です。桜えびを加えたり、卵とじにしても◎

おかゆ

米　0.7合（110g）
水　750〜850mℓ

米を洗い浸水（水加減は大まかでいいです）し、ザルに上げます。鍋に分量の水を入れて中火にかけます。沸騰したら米を入れます。再び沸いたら、鍋底に張り付いた米をヘラなどではがし、ふたを少しずらしてのせ、ごく弱く沸騰するくらいの火加減で15分炊きます。火を止め、ふたを閉じ5分ほど蒸らします。

たくあんとみかんの皮の和えもの

作りやすい分量
たくあん　100g
しょうが　10g
みかんの皮　5〜10g
薄口しょうゆ　小さじ1
酒　小さじ1
白いりごま　小さじ1
一味　適宜

材料をすべて千切りにします（たくあんは繊維にそって。みかんの皮は裏の白いところをそいでとりのぞいてから）。ボウルで、薄口しょうゆ、酒、白いりごまと和え、器に盛り、お好みで一味をかけます。

献立日記にはない、おかゆに合う一品を考えてみました。明るい色で味も食感もさわやかなものがいいと思い、岩手で教わった料理「ホロホロ」をヒントに作りました。みかんは無農薬か、よく洗って。

冬の献立——⑤

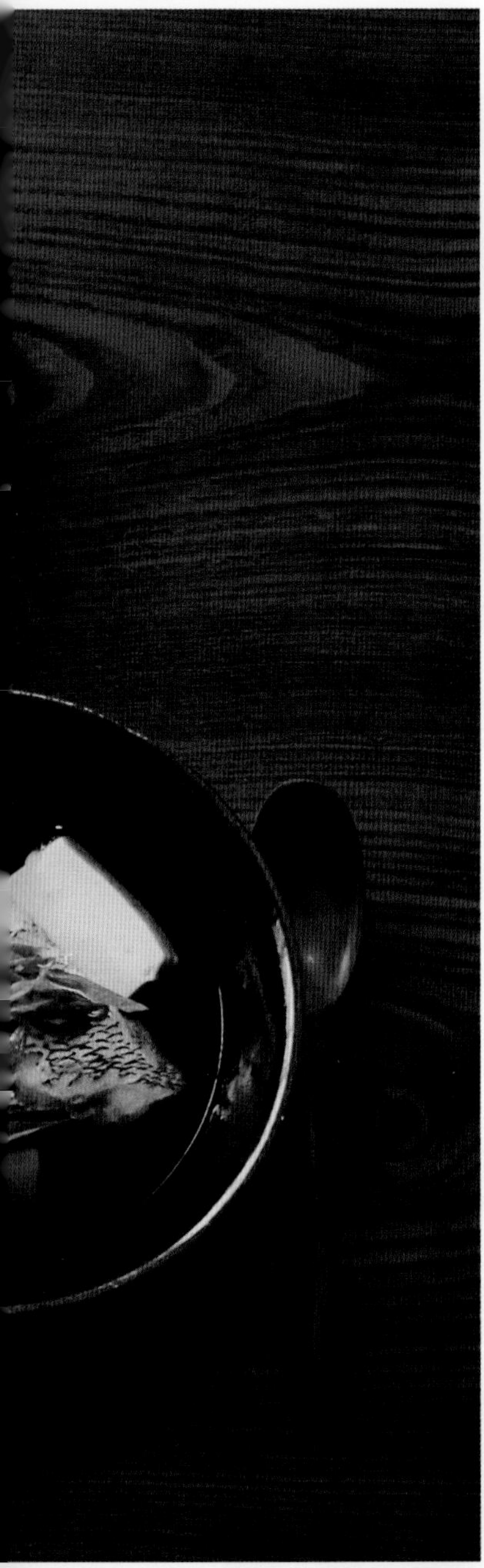

白菜と豚肉のいためもの
（ベーコン、椎茸、ねぎ）
魚と豆腐のスープ
（鯛のアラ）
チャーハン
（ハム、かにかん、玉子、ねぎ、しいたけ）

いくらご主人がお豆腐が好きだからといったって、湯豆腐に豆腐のおみおつけでも困るわね。それに麻婆《マーボ》豆腐がついたんじゃ、——もっとも、お豆腐だけを食べさせる有名なお店もありますけれど、そのお店は特別のお豆腐ですからね。（中略）家庭では愛情は一ぺんに出さずに少しずつ、二人で一丁の冷ややっこを食べたときに味わいが出るんですよ。／うちなんか、ネギの入った料理が二つあると、「これダブってるよ」と言われちゃう（笑）。（二人で一丁の冷ややっこ『わたしのおせっかい談義』）

昭和50.12.16

白菜と豚肉のいためもの

豚バラスライス　130g
下味
　酒　小さじ1
　しょうゆ　小さじ1
ベーコン　2枚
しいたけ　2枚
長ねぎ　½本
白菜　2枚(200〜250g)
しょうが　1片
油　大さじ½
酒　大さじ½
塩　小さじ⅓
こしょう　少々

豚バラスライスは5cmの長さに切り、下味をつけます。ベーコンは2cmの長さに、しいたけは1cm厚のスライスに、長ねぎは7mm厚の斜め切りにします。白菜の葉はざく切りに、芯は食べやすい大きさのそぎ切りにします。しょうがは千切りにします。

フライパンに油をひき、中火でしょうがと豚肉を軽く炒め、とり出します。フライパンに油を適宜(分量外)足し、白菜の芯、しいたけ、長ねぎ、ベーコンを中火で炒め、しんなりしたら白菜の葉も入れて酒、塩、こしょうで味付けします。しょうがと豚肉を戻し入れ、全体を混ぜたら完成です。

チャーハン

ご飯　2膳（300〜320g）
ハム　3枚
しいたけ　2枚
かまぼこ　40g
長ねぎ　⅔本
卵　2個
油　大さじ1と½
塩　小さじ½
こしょう　少々
合わせ調味料（混ぜておく）
　酒　大さじ½
　しょうゆ　大さじ½

ハムは1cm角に、しいたけ、かまぼこは8mm角、長ねぎは粗みじん切りにします。

大きめのフライパンを強火にかけ、油大さじ½を熱し、長ねぎの半量をさっと香ばしく炒め、ハム、しいたけ、かまぼこも加えてさっと火を通し、とり出します。同じフライパンを強火にかけ、油大さじ1を足し、溶いた卵を入れ、ふちがぷくっとしたらヘラで大きく混ぜ、半熟になったら中火にし、ご飯を加えてほぐしながら炒めます。具材を戻して炒め合わせ、塩、こしょうをし、残りのねぎも加え、合わせ調味料をふちから入れて混ぜます。献立日記はかにかんでしたが、かまぼこでちょっと庶民的に。

魚と豆腐のスープ

鯛のアラ　350g
豆腐　½丁
わけぎ　適量
すだち　1個
昆布　10g
水　1ℓ
酒　大さじ2
塩　小さじ1
薄口しょうゆ　少々

鯛のアラは食べやすい大きさに切り、塩（分量外）を軽くふって10分ほどおきます。その後、しっかり水で洗い、霜降り（P34）にし、さらに水で洗い流しながらウロコや血をとりのぞいてください（新鮮なら霜降りは省いてもいいです）。

鍋に下処理した鯛と、水、昆布を入れて火にかけます。沸騰したら昆布をとり出し、アクをとり、ごく弱火で20分煮ます。酒、塩で味をととのえたら、食べやすく切った豆腐を加えます。豆腐が温まったら、薄口しょうゆで香りづけし器に盛り、斜め切りにしたわけぎとすだちの輪切りをのせます。

やき鯛と玉ねぎの酢のもの

平成元.12.13

鯛(切り身)　1切
玉ねぎ　½個
合わせ酢(混ぜておく)
　酢　大さじ½
　薄口しょうゆ　大さじ½
　みりん　大さじ½

玉ねぎは繊維にそって薄切りにし、水にさらしてしばらくおき、水気を絞ります。鯛は塩少々(分量外)をふり、魚焼きグリルで両面焼いてからほぐします。ボウルに玉ねぎと鯛を入れ、合わせ酢で和えて器に盛ります。合わせ酢は、みりんのかわりに、砂糖小さじ½を入れてもよいです。

いかと椎茸のなっとうあえ

昭和48.12.10

いか（胴。刺身用）　100g
しいたけ　4枚
納豆（ひきわり）　2パック（80g）
卵黄　1個
しょうゆ　小さじ2
からし　大さじ½
青ねぎ（小口切り）　1本

いかは皮をむいてひらき、細切りにします。椎茸は魚焼きグリルなどで焼いて薄切りにしてください。器にすべての材料を盛り、調味料を加えて、食べる前に食卓で混ぜてください。

山の芋の酢のもの（花かつお）

昭和58.12.19

大和芋（または長芋）　150g
かつおぶし　適量
合わせ酢（混ぜておく）
　水　大さじ1
　酢　大さじ1
　塩　小さじ¼
しょうゆ　適宜

大和芋は皮をむき、すりおろします。合わせ酢（長芋のときは水を入れない）と混ぜ合わせ、器に盛り、かつおぶしをのせます。お好みでしょうゆをひとたらしします。

おみおつけ（天ぷらの残り）

平成元.12.17

だし　500mℓ
みそ　大さじ2
青ねぎ　1本
残ってしまった天ぷら（えび・なす）　適量

だしを温め、みそを溶きます。天ぷらをトースターなどで温めなおして器に盛り、みそ汁を注ぎます。仕上げに薄い小口切りにした青ねぎを浮かべます。

にんじんと玉ねぎ レーズンサラダ

平成2.1.12

にんじん　1本(200g)
紫玉ねぎ(または玉ねぎ)　¼個
レーズン　大さじ2
塩　ふたつまみ
合わせ酢(混ぜておく)
　酢　大さじ3
　砂糖　大さじ⅔～1
　塩　小さじ⅓
オリーブオイル　適宜

合わせ酢にレーズンを浸します。にんじんは千切りにし、塩を混ぜてしばらくおき、水分をしっかり絞ります。紫玉ねぎは繊維にそって薄切りにし、水にさらしてしばらくおき、水気を絞ります。ボウルに、にんじんと紫玉ねぎ、合わせ酢をレーズンごと入れ、よくもんでしばらくおいてなじませます。

器に盛り、お好みでオリーブオイルをまわしかけたら完成です。

クルミやアーモンドを散らしたり、合わせ酢の塩を減らして、たたいた梅をトッピングしてもおいしいです。

野菜ととり皮のスープ（ぎんなん、とりの皮、ねぎ、にんじん、こまつ菜、もやし）

昭和63.12.25

鶏皮　100g
しょうが　1片
にんじん　¼本
小松菜　2株
長ねぎ　5㎝
もやし　¼パック（50g）
むき銀杏　6粒

水　600㎖
酒　大さじ1
塩　小さじ1
しょうゆ　少々
こしょう　少々
ごま油　適宜

鶏皮は余分な脂をとり、塩（分量外）で軽くもんで水洗いしておきます。

鶏皮とスライスしたしょうが、水を鍋に入れ、火にかけ鶏皮スープをとります。沸騰したらアクを取り、弱火にし、脂をすくいながら10分煮ます。その後、鶏皮はとり出して5㎜の細切りにし、鍋に戻します。

にんじんは短冊に、小松菜は3㎝に、長ねぎは小口に切ります。

鶏皮スープに酒、塩を入れ、にんじん、小松菜の茎、もやし、むき銀杏を加えて煮ます。野菜に火が通ったら、小松菜の葉、しょうゆ、こしょうを入れ、味をととのえます。火を止め、長ねぎを加え、お好みでごま油を少々たらしてください。

NHK Eテレ「365日の献立日記」
献立　沢村貞子
料理　飯島奈美
声　鈴木保奈美

演出　小関竜平
取材　木暮沙樹
撮影　杉山 悟
照明　斉藤直樹
音声　冨永陽介
編集　宮田耕嗣
音響効果　玉井 実
制作統括　石井香織、高瀬雅之、根岸 弓
制作　NHKエデュケーショナル
制作・著作　NHK テレコムスタッフ

沢村貞子の献立
料理・飯島奈美

2020年3月10日 初版第1刷発行
2023年10月12日 初版第8刷発行

著者　飯島奈美
写真　齋藤圭吾（p.2除く）
ブックデザイン　有山達也、山本祐衣、中本ちはる
編集　加藤 基

協力　NHK Eテレ「365日の献立日記」制作班、山崎洋子、藤原ひろみ

発行者　孫 家邦
発行所　株式会社リトルモア
〒151-0051
東京都渋谷区千駄ヶ谷3-56-6
電話 03-3401-1042
ファクス 03-3401-1052
www.littlemore.co.jp

印刷・製本所　株式会社シナノパブリッシングプレス

Printed in Japan
ISBN978-4-89815-517-2 C0077